IIT में प्रवेश कैसे पाएँ

IIT में प्रवेश कैसे पाएँ

सुभाष जैन

प्रभात पेपरबैक्स
प्रभात प्रकाशन™
ISO 9001 : 2008 प्रकाशक का उद्यम

प्रकाशक
प्रभात पेपरबैक्स
4/19 आसफ अली रोड, नई दिल्ली-110002
फोन : 23289555 • 23289666 • 23289777 ❖ फैक्स : 23253233
इ-मेल : prabhatbooks@gmail.com ❖ वेब ठिकाना : www.prabhatbooks.com

संस्करण
2015

मूल्य
एक सौ पच्चीस रुपए

अ.मा.पु.स. 978-81-7315-765-3

मुद्रक
नरुला प्रिंटर्स, दिल्ली

I.I.T. MEIN PRAVESH KAISE PAYEN
by Subhash Jain
Published by **Prabhat Paperbacks** (A Division of Prabhat Prakashan)
4/19 Asaf Ali Road, New Delhi-2
ISBN 978-81-7315-765-3 Rs. 125.00

कभी मैंने सोचा था
कि ईश्वर आपके निकट रहते हैं;
किंतु अब मैं देखता हूँ कि
ईश्वर आपके प्रत्येक कदम के साथ चलते हैं।
कभी मैंने सोचा था
कि ईश्वर आपको प्यार करते हैं;
किंतु अब मैं महसूस करता हूँ कि
आप ही वह प्यार हैं,
जिसकी चर्चा मैं अकसर किया करता हूँ।
कभी मैंने सोचा था
कि ईश्वर ने अपको सौभाग्यशाली बनाया है;
किंतु अब मैं जानता हूँ
कि ईश्वर की कृपा से
आप मेरे सौभाग्य हैं।

अपार आदर और अगाध प्रेम के साथ यह पुस्तक मैं अपने माता-पिता को समर्पित करता हूँ।

विषय-सूची

आई.आई.टी. प्रवेश परीक्षा में सफलता कैसे पाएँ

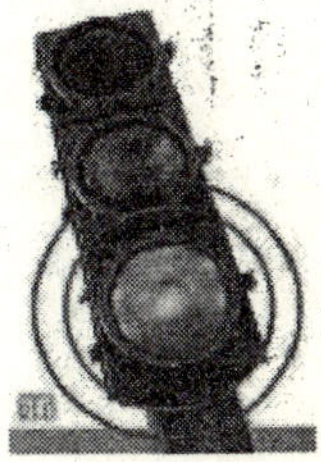

यह एक विवेकपूर्ण निर्णय है कि मेरे पास जो भी संसाधन हैं, उन्हीं के सहारे मैं जहाँ तक जा सकता हूँ, वहाँ तक पहुँचूँ।

I

प्रारंभिक शब्द

चाँद पर मनुष्य के कदम

मंगल के पुरुष, शुक्र की स्त्री, स्वर्ग के बच्चों और ब्रह्मांड की सभी देवियों एवं देवताओं को धन्यवाद।

मैं सौभाग्यशाली था कि अपनी व्यक्तिगत यात्रा के प्रत्येक चरण में, जिसे मैं जीवन कहता हूँ, मुझे अपने परिवार, अनेक मित्रों और सहकर्मियों का अप्रत्याशित सहयोग मिला। ये लोग असीम धन्यवाद एवं प्रशंसा के पात्र हैं। इसलिए जीवन-यात्रा के दौरान अपने लक्ष्य की ओर बढ़ने में मेरा सहयोग करने के लिए इनमें से प्रत्येक की मैं सराहना करता हूँ। इस पुस्तक की रचना में सहयोग करनेवाले अनेक व्यक्तियों के प्रति आभार की गहराई को शब्द कभी-कभी पूर्णत: व्यक्त नहीं कर पाते; किंतु आभार न लिखे जाने पर संदेश अव्यक्त रह जाता है।

मैं अपनी माता और अपने पिता स्व. श्री एम.सी. जैन के प्रति सम्मान, प्रेम और आभार व्यक्त करता हूँ। घर और बाहर के कार्यों एवं अनेक यात्राओं में मेरा सहयोग करने के लिए मैं अपनी पत्नी एवं पुत्रों के प्रति भी कृतज्ञता का अनुभव करता हूँ।

'केवल वे ही **शाश्वत** यश प्राप्त करते हैं,
जो इस पृथ्वी पर अमर कीर्ति कर जाते हैं।'

जो विश्वास करते हैं, वे लक्ष्य-प्राप्ति के लिए धैर्यपूर्वक लगातार प्रयास करते हैं और प्रार्थना से वास्तव में ईश्वर धैर्यवान् के साथ होते हैं।

'अपना मुख पवित्र मसजिद की ओर घुमाओ।' वहाँ किसी मनुष्य की आत्मा नहीं, बल्कि हम सब का संरक्षक रहता है।

अल्लाह द्वारा मोहम्मद को दी गई सीख— *कुरान*

अक्टूबर 1959 में सोवियत अंतरिक्ष यान 'स्पुतनिक' के प्रक्षेपण के बाद संयुक्त राज्य अमेरिका ने बहुत अपमानित महसूस किया था। अमेरिका के वैज्ञानिक कई वर्षों से अमेरिकी अंतरिक्ष यान के प्रक्षेपण से संबंधित कार्य कर रहे थे। उस समय संयुक्त राज्य अमेरिका के तत्कालीन राष्ट्रपति जॉन एफ. केनेडी ने कहा था, ''हमने चाँद पर जाने का निर्णय लिया है।''

20 जुलाई, 1969 को अमेरिकी अंतरिक्ष यात्री नील आर्मस्ट्रांग और एडविन 'बज' आल्ड्रिन के साथ ल्यूनर मॉड्यूल अपोलो II चाँद की सतह पर उतर गया।

''यह व्यक्ति के लिए एक छोटा कदम है, किंतु मानव जाति के लिए एक बड़ी छलाँग।''

—नील आर्मस्ट्रांग

''हमें साहस करना चाहिए, पुनः साहस करने के लिए और सदैव साहस करने के लिए तैयार रहना चाहिए।''

ईश्वर को नमन करके आगे बढ़िए!

II

प्रस्तावना

"भविष्य अज्ञात है, किंतु वर्तमान विश्वास से परे है। हम लोग टेक्नोलॉजी के बारे में इतना शोर मचाते हैं कि हम यह समझ ही नहीं पाते कि प्रतिभा का द्वार हमारे मस्तिष्क में है; लेकिन अब समय आ गया है, रहस्योद्घाटन हो चुका है, दूरदर्शी अभिभावकों ने अँधेरे पर बिजली के प्रहार को देखा है, जिसे हम वास्तविकता कहते हैं। अब हम बिजली के चमकने और गरजने के बीच के छोटे से अवकाश में ही आराम करते हैं।"

आई.आई.टी. प्रवेश परीक्षा में सफलता के लिए क्या करना चाहिए?

आई.आई.टी. प्रवेश परीक्षा में सफलता प्राप्त करना न सिर्फ अत्यंत कठिन है, बल्कि यह एक सूक्ष्म और जटिल कार्य भी है। आर्किमिडीज ने कहा था, "प्रत्येक निर्माण का आधार उसकी लीवर-योजना प्रणाली है।" यदि आप अपने कैरियर या व्यक्तिगत जीवन में कहीं अटक गए हैं तो अधिक परिश्रम करने से संभवत: आप वह नहीं पा सकते, जो आप चाहते हैं; किंतु होशियारी से कार्य करने पर आपको सफलता मिल सकती है।

क्या आप सफलता के किनारों, आई.आई.टी. प्रवेश परीक्षा के लिए तैयारी की लहरों और संतुष्टि की धरती पर पहुँचने के लिए एक अद्वितीय यात्रा करने को तैयार हैं?

क्या आपने कभी अपने चिंतन के बारे में सोचा है और क्या कभी आपने यह जानने का प्रयास किया है कि आप किस प्रकार जानकारी प्राप्त करते हैं? अत्यंत सरल तरीके से आप यह कह सकते हैं कि जो भी जानकारी आपको मिलती है वह ज्ञानेंद्रियों के द्वारा ही प्राप्त होती है। आप देखते, सुनते, चखते और अपनी पसंद की चीजों को छूते हैं तथा अपने चारों ओर की चीजों को सूँघ भी सकते हैं। इस प्रकार आपकी ज्ञानेंद्रियों द्वारा सूचनाएँ एकत्रित की जाती हैं और मस्तिष्क को भेजी जाती हैं।

मस्तिष्क इन समस्त सूचनाओं को एक प्रक्रिया के माध्यम से व्यवस्थित क्रम में रखता है और उन्हें समझता है। आप अपने जीवन में एक पुस्तक पढ़कर न तो उन्नति कर सकते हैं और न ही एक पाक-कला की पुस्तक पढ़कर अपनी क्षुधा शांत कर सकते हैं। आई.आई.टी. प्रवेश परीक्षा एक ऐसी साहसिक प्रक्रिया है, जिसे पूर्ण रूप से अनुभव किया जाना चाहिए, जिसके साथ प्रयोग किए जाने चाहिए और जिसके प्रति पूर्ण रूप से समर्पित हो जाना चाहिए। इस साहसिक प्रक्रिया से हमें कैसा अनुभव मिल सकता है, उसे समझने के लिए पुस्तक एक मामूली प्रयास है; लेकिन एक अच्छी गाइड-पुस्तक इस प्रयास में मदद करने के साथ-साथ हमारे इस प्रयोग पर प्रकाश डाल सकती है।

'आई.आई.टी. प्रवेश परीक्षा में सफलता कैसे पाएँ?' लिखते समय हमारा लक्ष्य था कि यह एक ऐसी पुस्तक हो, जो आपकी सभी पुस्तकों में अत्यंत विशिष्ट हो।

कार्यविधि का ज्ञान होने से इस संसार को समझने में सहायता मिलती है, साथ ही यह भी अंदाज लग जाता है कि एक विशेष स्थान और समय पर क्या कुछ घटित हो सकता है। कार्यविधि की जानकारी होने से हम पहले से यह बता सकते हैं कि आगे क्या होने वाला है। यह अनेक परिस्थितियों में बहुत महत्त्वपूर्ण हो सकता है। नए विचार, व्यावहारिक संसाधन और अध्ययन संबंधी नीति आई.आई.टी. प्रवेश परीक्षा में न सिर्फ सफलता पाने के लिए जरूरी है, बल्कि अच्छा स्थान प्राप्त करने के लिए भी अनिवार्य है।

अध्ययन के बारे में जो सबसे बड़ी भ्रांति है, वह इस रहस्य को समझना है कि इसे कैसे संपन्न किया जाए। दूसरी भ्रांति यह है कि कुछ लोग स्वाभाविक रूप

से अध्ययन में दूसरों से बेहतर होते हैं। वे उस नैसर्गिक क्षमता के साथ पैदा हुए प्रतीत होते हैं, जिससे सीखना उनके लिए आसान हो जाता है। वर्षों तक सीखने के बाद हममें से प्रत्येक व्यक्ति अपने तरीके से एक चिंतक, दार्शनिक, अन्वेषक, शिक्षार्थी और शिक्षक होता है।

एक सच्चे वैज्ञानिक को स्कूल से लेकर वैज्ञानिक संस्थानों तक प्रशिक्षित किया जाता है। प्रयोगों के रूप में हम अपने वैज्ञानिकों को ढेर सारी गलतियाँ करना सिखाते हैं और यह बताते हैं कि गलतियाँ रचनात्मक परिणामों में बदल सकती हैं। आगे बढ़िए और नए प्रयोग कीजिए। आप इससे सीखेंगे। यदि स्कूलों में केवल पर्याप्त संख्या में प्रोत्साहित और समर्पित विज्ञान-शिक्षक हों, तो बड़ी संख्या में उत्साहित छात्र होंगे, जो कैरियर-विकल्प के रूप में विज्ञान को अपनाएँगे और एक दिन सफल वैज्ञानिक या 'टेक्नोक्रैट' बनेंगे।

मैं गलत था! अपने व्यावसायिक कैरियर की लगभग आधी अवधि तक इच्छुक छात्रों को लक्ष्य तक पहुँचाने में मदद करने के तरीकों के बारे में मैं गलती पर था। मेरा केंद्रबिंदु दोषपूर्ण था। मेरी धारणाएँ त्रुटिपूर्ण थीं। मैंने दोषपूर्ण तर्कों का उपयोग किया और छात्रों की सफलता में वृद्धि के संदर्भ में त्रुटिपूर्ण नतीजों पर पहुँचा। मैं गलत तरीकों का इस्तेमाल कर रहा था। उन प्रारंभिक वर्षों में जो काम मैंने सही किया, वह था अपने आपको छात्रों में पूरी तरह लगाना, एक साधारण व्यक्ति की तरह उनकी देख-रेख करना, उनकी समस्याओं को सुलझाना और उन्हें प्रोत्साहित करना।

उन्हीं दिनों अपनी धारणाओं के विपरीत मैंने कुछ संभावना से पूर्ण समस्याएँ महसूस कीं—

- अनेक छात्र अपेक्षित स्तर तक तैयारी नहीं करते हैं।
- तैयारी की संपूर्ण समस्या जटिल है, क्योंकि यह अनेक प्रकार की होती है और लक्ष्य तक पहुँचने के लिए छात्रों को इन्हें पूरा करना पड़ता है।

सैकड़ों सफल छात्रों से साक्षात्कार के बाद मैं इस नतीजे पर पहुँचा हूँ कि जिस प्रकार की तैयारी छात्रों को करनी होती है, उसमें तीन प्रमुख क्षेत्र शामिल हैं —प्रतिस्पर्धात्मक निपुणता, पृष्ठभूमि का ज्ञान और स्व-प्रबंधन निपुणता। यह पुस्तक जीवन के लंबे अनुभव और श्रमशील अध्ययन के आधार पर इस आशा के साथ लिखी गई है कि यह इच्छुक छात्रों को आई.आई.टी. प्रवेश परीक्षा के प्रत्येक पहलू की तैयारी करने में सहायक होगी।

यह ठीक ही कहा गया है कि "जीवन एक कठोर पाठशाला है, क्योंकि

इसमें परीक्षाएँ पहले होती हैं और शिक्षा बाद में।'' इस पुस्तक के माध्यम से यह प्रयास किया गया है कि परीक्षाओं के आने से पहले ही कुछ शिक्षा प्राप्त कर ली जाए।

जब आप आई.आई.टी. में प्रवेश प्राप्त कर लें और लोग आपसे पूछें कि आप कैसे सफल हुए, तो subhashedu@yahoo.co.in पर मुझे अपना पत्र इ-मेल करना न भूलें। मुझे आपका पत्र पढ़कर या 09871032142 पर आपसे बात करके प्रसन्नता होगी। यह पुस्तक आई.आई.टी. प्रवेश परीक्षा की यात्रा में आपके लिए एक प्रकाश-पुंज, कंपास एवं नक्शे के रूप में सहायक हो, ऐसी कामना है।

पढ़िए, सीखिए, आनंद लीजिए और जो आपने पढ़ा है, उसे उपयोग में लाइए।

ईश्वर आपकी मनोकामना पूरी करें!

''एक अच्छे विचार को तुरंत लागू करना पाँच विचारों को याद करके बिना उपयोग किए अपने मस्तिष्क में संगृहीत रखने से बेहतर है।''

III

अनुवादक की ओर से

शिक्षा एक सतत प्रक्रिया है, बल्कि यों कहें कि यह वास्तव में चरित्र-निर्माण का मूलाधार है, जिसमें शिक्षार्थियों के व्यक्तिगत संघर्षों के साथ-साथ माता-पिता, अभिभावकों और शिक्षकों को भी महत्त्वपूर्ण भूमिकाएँ निभानी होती हैं। अपने बच्चे की शिक्षा कब शुरू करें? इस महत्त्वपूर्ण प्रश्न का उत्तर एक महिला ने शिकागो के प्रसिद्ध शिक्षाशास्त्री फ्रांसिस पारकर से जानना चाहा। पारकर ने प्रश्न किया, "आपका बच्चा कब जन्म लेगा?" महिला ने उत्तर दिया, "वह तो पाँच वर्ष का हो चुका है।"

"क्षमा करें," पारकर ने कहा, "अब पूछने से कोई लाभ नहीं। शिक्षा का सर्वोत्तम समय तो शुरू के पाँच वर्ष तक ही होता है। उसे आपने खो दिया है। जन्म से ही यदि शिक्षा की उत्कृष्ट व्यवस्था की गई होती तो अब तक आपका बालक एक सुयोग्य नागरिक के लघु संस्करण के रूप में विकसित हो चुका होता।"

दूसरी ओर ट्रिनिटी कॉलेज के एक छात्र ने डिग्री प्राप्त करने के बाद अपने प्रोफेसर से कहा, "मेरी पढ़ाई पूरी हो चुकी है, अब मुझे इजाजत दीजिए।"

प्रोफेसर ने आश्चर्य से उसकी ओर देखा और कहा, "क्या सचमुच तुमने अपनी शिक्षा पूरी कर ली है? अपनी तो मैं अब शुरू कर रहा हूँ।"

डॉ. सैमुअल स्माइल्स लिखते हैं—"एक अगंभीर व्यक्ति, जिसने कई विषयों का अल्प ज्ञान प्राप्त कर लिया है, किंतु कुछ भी अच्छी तरह नहीं जानता, वह अपनी योग्यता पर घमंड कर सकता है; किंतु ज्ञानी लोग विनम्रता से स्वीकार करते हैं कि वे केवल इतना ही जानते हैं कि वे कुछ नहीं जानते अथवा जैसा कि न्यूटन ने कहा था कि वह जीवन भर समुद्र के किनारे केवल सीपियाँ ही चुनने में लगे रहे, जबकि सत्य का विशाल समुद्र उनके सामने अज्ञात ही रह गया। वास्तविक ज्ञान

और विनम्रता ऐसी ही होती है।''

बात किशोरों की करें तो उनके मन की गहराई में थॉमस एडिसन के इस कथन को बैठाना होगा—''प्रतिभा केवल 1 प्रतिशत प्रेरणा है और 99 प्रतिशत परिश्रम।'' अकसर लोग अपनी असफलताओं के लिए परिस्थितियों को दोष देने से नहीं चूकते। मुझे स्वामी सुखबोधानंद द्वारा कही गई एक कथा याद आती है—''एक पिता अपने दो पुत्रों के साथ एक ही कमरे में रहा करते थे। वह प्रतिदिन शाम को शराब पीकर आते, शोर मचाते और टी.वी. देखते रहते, जिससे बच्चों के अध्ययन में काफी व्यवधान पड़ता था। बड़े लड़के ने अपना ध्यान पढ़ाई पर केंद्रित किया, जबकि छोटे ने पिता के पदचिह्नों का अनुसरण किया। वयस्क होने पर बड़े पुत्र को नगर के श्रेष्ठ नागरिक के रूप में सम्मानित किया गया, जबकि छोटे लड़के को अपराध में पकड़े जाने पर जेल की सजा सुनाई गई। पूछे जाने पर बड़े बेटे ने बताया कि वह अपनी उपलब्धियों का श्रेय अपने शराबी पिता और घर के विकृत वातावरण को देना चाहता है, क्योंकि उससे ऊबकर उसने अपना जीवन बिलकुल भिन्न बनाने का निर्णय कर लिया था। जबकि छोटे लड़के ने अपने जीवन में आपराधिक प्रवृत्तियों में संलग्नता के लिए अपने पिता को ही पूर्णतः जिम्मेदार ठहराया और कहा कि उन्होंने घर का माहौल बिगाड़ रखा था, जिसके कारण मैं अपराधी बन गया।''

आप देख सकते हैं कि दोनों बच्चों के लिए परिस्थितियाँ एक जैसी थीं, किंतु फिर भी प्रतिक्रियाएँ भिन्न-भिन्न। परिस्थितियों के प्रति हमारी रचनात्मक सोच ही हमारे जीवन की गुणवत्ता निर्धारित करती है। वास्तव में मनुष्य का विकास उसकी इच्छा-शक्ति की सक्रियता पर निर्भर है, जो कठिनाइयों पर विजय प्राप्त करने में हमारी सहायता करती है और इसी को हम 'प्रयास' कहते हैं। जॉन बरो ने कहा था कि एक व्यक्ति कई बार विफल हो सकता है; किंतु वह असफल तब तक नहीं होता, जब तक कि वह अपनी असफलता के लिए दूसरों को दोषी नहीं ठहराने लगता।

संसार के अनेक सफल व्यक्तियों की कार्य-प्रणाली पर विचार करने से स्पष्ट हो जाता है कि उन्हें अपने लक्ष्य के बारे में कोई संदेह नहीं था। वे अपना लक्ष्य अपनी क्षमताओं के अनुरूप निर्धारित कर लेते थे। वे स्पष्ट रूप से यह जानते थे कि उनके सपने क्या हैं और उन्हें पूरा करने के लिए दृढ़ निश्चय के साथ उन्होंने ईमानदारी और परिश्रम का रास्ता चुन लिया था। वे निरंतर अपनी कमियों को स्वीकार करते रहे और उन्हें दूर करने का अथक प्रयास करते रहे। क्रिस जे.

विटिंग जूनियर ने इस संदर्भ में आईवी लीग स्कूल की (सन् 1953 में) स्नातक कक्षाओं के छात्रों के साथ किए गए एक प्रयोग का विवरण दिया है। छात्रों से पूछा गया कि क्या उन्होंने अपने जीवन का कोई लिखित लक्ष्य निर्धारित किया है ? उत्तर में पाया गया कि केवल 3 प्रतिशत छात्रों ने अपना लिखित लक्ष्य निर्धारित किया था। बीस वर्षों बाद सन् 1973 में शोधकर्ताओं ने कक्षा के सभी छात्रों की खोज-खबर ली और यह पाया गया कि वे 3 प्रतिशत छात्र, जिन्होंने अपना लिखित लक्ष्य निर्धारित किया था, अन्य 97 प्रतिशत की तुलना में न सिर्फ आर्थिक रूप से काफी संपन्न थे, बल्कि हर दृष्टि से वे सफल, संतुष्ट और सुखी थे।

अनेक व्यक्ति सफलता के मार्ग में आनेवाली कठिनाइयों की कल्पना करके ही हिम्मत हार जाते हैं; परंतु याद रखना चाहिए कि प्रत्येक व्यक्ति में आत्मोन्नयन की अपार क्षमता है। इसमें संदेह नहीं कि आत्मानुशासन और दृढ़ संकल्प के साथ हम अपनी कमियों को दूर करके लक्ष्य तक पहुँच सकते हैं। गेटे ने कहा था, 'जो कुछ भी आप कर सकते हैं या जिसे करने का आप सपना देखते हैं, उसे शुरू कर दीजिए। साहस में मेधा, ताकत और जादू है।'

श्री सुभाष जैन ने अपनी इस पुस्तक 'क्रैकिंग आई.आई.टी.-जे. ई. ई.' में सफलता के सूत्रों को बड़े ही रोचक ढंग से प्रस्तुत किया है। ये सूत्र छात्रों के लिए तो अत्यंत उपयोगी हैं ही, अन्य लोगों को भी ये जीवन के विभिन्न क्षेत्रों में सफलता प्राप्त करने के लिए प्रेरित कर सकते हैं। मेरी कोशिश रही है कि इस प्रेरणाजनक पुस्तक का अनुवाद सरल और सटीक हो। मुझे कहाँ तक सफलता मिली है, यह जानने की जिज्ञासा रहेगी।

अंत में सृजन-कर्म में सतत सहयोग के लिए अपनी पत्नी श्रीमती सिंधुमती वर्मा के प्रति आभार व्यक्त करते हुए यह अनूदित कृति पाठकों को इस आशा के साथ समर्पित करता हूँ कि छात्रों को आई.आई.टी. संयुक्त प्रवेश परीक्षा में न सिर्फ सफलता प्राप्त करने में अत्यंत सहायक होगी, बल्कि उनके भावी जीवन की सुख-समृद्धि का आधार भी बनेगी।

—जगदीश प्रसाद वर्मा

'सुशीला उपवन',
धर्मपुर, पो. गीता वाटिका,
गोरखपुर (उ.प्र.) 273006
फोन : 0551—25055138

1

लक्ष्य : आई.आई.टी. प्रवेश परीक्षा में सफलता

आगे का रास्ता

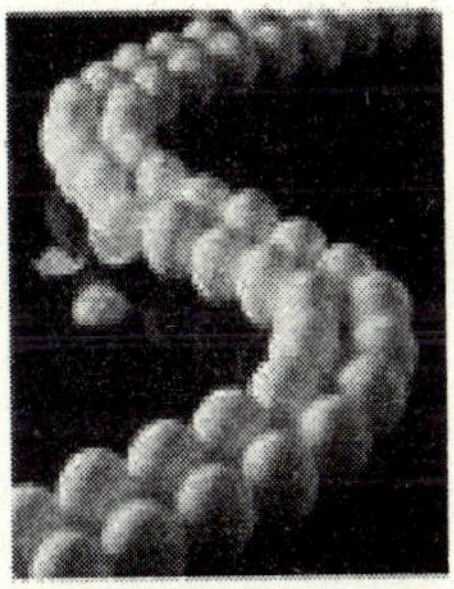

"विजेता हर जगह हैं, तीव्रोत्साह जरूरी है।"

आई.आई.टी. प्रवेश परीक्षा में सफलता की कामना करनेवाले छात्रों को एक जोखिम भरी यात्रा करनी पड़ती है। उनकी सफलता की संभावनाएँ कम होती हैं। कठिन स्पर्धा का सामना करने के लिए उन्हें लगातार अध्ययन करना पड़ता है। तब कहीं सफलता की स्थिति में उन्हें सम्मान और मान्यता मिलती है। 'एलिस इन वंडरलैंड' के साहसिक कारनामों में एलिस ने केटरपिलर के पास आकर पूछा कि उसे किस रास्ते पर जाना चाहिए? उसने उससे पूछा कि वह कहाँ जाना चाहती

है ? एलिस ने उत्तर दिया कि उसे यह पता नहीं है। फिर उसने कहा, "तब कोई फर्क नहीं पड़ता, वह किसी भी रास्ते पर जा सकती है।"

अपने कार्य के लिए आप एक योजना तैयार करें, ताकि यह जान सकें कि आप जहाँ हैं वहाँ से जहाँ आप भविष्य में जाना चाहते हैं, वहाँ तक कैसे पहुँचेंगे। उद्देश्यों और लक्ष्यों के साथ यह स्पष्ट हो जाता है कि आपको क्या करना चाहिए, तब आप उसे पूरा कर सकते हैं।

यह याद रखना जरूरी है कि जिस प्रकार सभी कलाकार या राजनीतिज्ञ एक जैसे नहीं होते, उसी प्रकार सभी विज्ञान-प्रेमी छात्र भी एक जैसे नहीं होते।

आपकी सफलता इस बात पर निर्भर करती है कि आप उस क्षेत्र की ओर कदम बढ़ाएँ, जिसमें आपकी रुचि हो। अनेक चिकित्सकों का व्यावसायिक जीवन दूसरों की सेवा करते हुए और मानव शरीर के बारे में लगातार ज्ञान प्राप्त करते हुए बीतता है। लोग सामाजिक विज्ञान का अध्ययन इसलिए करते हैं, क्योंकि वे दैनिक जीवन की समस्याओं और विवादों के बारे में और अधिक जानना चाहते हैं। वे विचार-विमर्श के दौरान एक तथ्य-ज्ञाता के रूप में अपने विचार रखने अथवा एक अधिक सक्रिय नागरिक बनने के लिए तैयार होना चाहते हैं।

इसके लिए व्यक्ति को अनिवार्य रूप से अपनी शैक्षिक योग्यताओं, मानसिक क्षमताओं, रुचियों, व्यक्तित्व, विशेषताओं, अपेक्षाओं और संसाधनों आदि को पूर्णत: समझना होगा। जब आप एक जीवन-यापन प्रणाली का चुनाव कर रहे होते हैं, तब आपको इस बात पर विचार करना होगा कि आप अपनी कार्य-शक्ति, धन, पद, अनुशासन, अधिकारों और चुनौतियों से क्या अपेक्षाएँ रखते हैं। किसी भी व्यवसाय में प्रगति के लिए उसमें गहरी रुचि का होना अत्यंत अनिवार्य है। कोई भी व्यवसाय चुनने के पूर्व यह जरूरी है कि आप स्वयं को अच्छी तरह जानें। आपको यह भी जानना चाहिए कि आप अपने व्यवसाय से क्या चाहते हैं और आपकी व्यावसायिक दुनिया आपको क्या दे सकती है।

सर्वप्रथम सफलता के आधार-तत्त्व संकल्पनात्मक हैं। तीव्र उत्साह और वास्तविक मूल्यों से युक्त चरित्र प्रत्येक अभ्यर्थी छात्र के लिए अत्यंत अनिवार्य है।

आई.आई.टी. प्रवेश परीक्षा में सफलता पाने के लिए प्रमुख विषयों एवं अपने विशिष्ट अध्ययन की गुणवत्ता पर विशेष ध्यान देने की जरूरत है। परीक्षार्थी में एक विशिष्ट केंद्रीय गुण और आत्मबल होता है, जो आई.आई.टी. प्रवेश परीक्षा का मूलतत्त्व है। यह गुण वस्तुगत और सूक्ष्म होता है, किंतु इसे नामांकित नहीं किया जा सकता।

सभी स्तरों पर और सभी विषयों में नई प्रक्रियाओं को स्थापित करना दूसरी आधारयुक्त रणनीति है। नई प्रक्रियाओं का वास्तविक संसार चमत्कारक और जोश से भरा हुआ है। इसलिए मैं आपसे आग्रह करूँगा कि आप एकाग्र होकर इसमें डूबने की कोशिश करें।

जैसा कि अकसर होता है, जहाँ धुआँ होता है, वहीं आग होती है। जहाँ दृढ़ निश्चय होता है, वहाँ रास्ता निकल आता है।

भारतीय रुझान

भारतीय मूल के 8 अमेरिकी हाई स्कूल के सीनियर छात्र उन 40 छात्रों में थे, जिन्हें प्रतिष्ठित इंटेल सांइस टैलेंट सर्च, 2008 में चुना गया था। यह प्रतियोगिता, जिसे अकसर 'जूनियर नोबेल पुरस्कार' कहा जाता है, अमेरिका की सबसे पुरानी और अत्यंत प्रतिष्ठित प्रतियोगिता है।

सन् 1990 से 2000 के बीच संयुक्त राज्य अमेरिका में भारतीयों की जनसंख्या में 113% की वृद्धि हुई, जो कि 13% के राष्ट्रीय औसत की दस गुनी है। अमेरिका में 50% सस्ते लॉज और 35% होटल भारतीयों की संपत्ति हैं, जिनका सम्मिलित बाजार मूल्य 40 अरब डॉलर है। अमेरिका में प्रत्येक नौ भारतीयों में से एक लखपति-करोड़पति (मिलियनेयर) है, जो 10% अमेरिकी लखपतियों-करोड़पतियों (मिलियनेयर्स) में शामिल हैं।

बर्कली स्थित कैलिफोर्निया विश्वविद्यालय के एक अध्ययन में यह स्पष्ट किया गया है कि सिलिकॉन-वैली में कार्यरत इंजीनियरों में से एक-तिहाई भारतीय मूल के हैं, जबकि वैली की हाईटेक फर्मों में से 7 प्रतिशत फर्मों का नेतृत्व भारतीय सी. ई. ओ. करते हैं।

संयुक्त राज्य अमेरिका के सभी अन्य देशीय समुदायों में भारतीय लोगों की शैक्षिक योग्यता सबसे अधिक है। लगभग 67 प्रतिशत भारतीय स्नातक या उससे अधिक शिक्षित हैं, जबकि राष्ट्रीय औसत 28 प्रतिशत है। लगभग 40 प्रतिशत भारतीय स्नातकोत्तर, डॉक्टरेट या अन्य व्यावसायिक डिग्रियों से सुसज्जित हैं, जो कि राष्ट्रीय औसत का पाँच गुना है।

एक उत्कृष्ट व्यक्ति बनने के लिए जिन चीजों की आवश्यकता होती है, वे हैं—खोज निकालना, सक्रिय बनाना, विजय प्राप्त करना और आनंद लेना।

खोज निकालिए

- अपनी नियति और तीव्र रुझान।
- पूर्णता, शरीर, आत्मा और मनोवृत्ति।
- अपने आसपास के लोगों की अद्वितीयता।

सक्रिय बनाइए

- ईश्वर द्वारा प्रदत्त प्रतिभाओं और योग्यताओं को।
- हितकर संबंधों को।
- सफलता और नियति को।

विजय प्राप्त कीजिए

- उन कार्यक्रमों पर, जिनके कारण आपके स्वप्न छिन्न-भिन्न होते हैं।
- ऐसे भय पर, जो आपकी सफलता को बाधित कर देते हैं।
- उन भय और भ्रांतियों पर, जो आपके कार्यों में बाधा उत्पन्न करते हैं।

आनंद लें

- एक संतुष्ट और उद्‍देश्यपूर्ण भविष्य का।
- शरीर, आत्मा, उत्साह और संपूर्णता का अनुभव करें।
- जीवन का!

बड़ी संख्या में भारत के श्रेष्ठ छात्र प्रतिवर्ष अत्यंत विलक्षण प्रतिस्पर्धा आई.आई.टी. संयुक्त प्रवेश परीक्षा में सम्मिलित होते हैं। प्रत्येक छात्र के लिए यह जरूरी होता है कि वर्षों के प्रशिक्षण और मानसिक तैयारी के बाद वह अपनी योग्यता का श्रेष्ठतम प्रदर्शन करे।

वर्षों की प्रतिस्पर्धा के बाद इन परीक्षाओं ने प्रौद्योगतंत्री (टेक्नोक्रैट्स) स्त्रियों और पुरुषों की एक अविस्मरणीय दीर्घा स्थापित कर दी है। यदि आप अपनी आकांक्षाओं की दिशा में अग्रसर होते हैं और वह जीवन जीने का प्रयास करते हैं, जिसकी आपने कल्पना की है तो आप उन घंटों में अप्रत्याशित सफलता प्राप्त कर सकते हैं। यदि आप प्रथम स्थान प्राप्त करने के इच्छुक हैं तो भी द्वितीय या तृतीय स्थान तक ही पहुँच पाना कोई लज्जा की बात नहीं है; क्योंकि अब से बीस वर्षों बाद आपने जो कुछ किया है, उसकी अपेक्षा आप उन चीजों के कारण अधिक

निराश होंगे, जिन्हें आपने नहीं किया है। इसलिए अपने मन से यह गाँठ निकाल फेंकिए और एक सुरक्षित बंदरगाह से अपनी यात्रा प्रारंभ करके व्यावसायिक वायु के साथ आगे बढ़ते जाइए।

प्रेरणा तरंग : पूर्व या पश्चिम में विचार किया जानेवाला कोई ऐसा भाव नहीं है, जो किसी भारतीय के चिंतन में न हो।

मन में रखिए : आकांक्षी, विवेकवान् बनिए। इस संसार के अलावा कोई दूसरा संसार नहीं है। यह निश्चित है।

विचार क्षेत्र : प्रतिदिन एक नया प्रश्न सम्मुख है।

□

2

शक्ति-संपन्नता की प्रकृति

शक्ति वह क्षमता है, जिससे दिए हुए किसी भी कार्य का लगातार, लगभग उत्कृष्ट निष्पादन किया जा सके; किंतु शक्ति प्रतिभा से प्रारंभ होती है, इसलिए वहीं से शुरू करते हैं। प्रतिभा स्वाभाविक रूप से लगातार उत्पन्न होता रहनेवाला विचार, भावना या व्यवहार है, जिसका रचनात्मक रूप से इस्तेमाल किया जा सकता है।

प्रतिभा अपरिष्कृत हीरे की तरह है, जबकि शक्ति उस चमकते हुए हीरे की तरह है, जिसे ध्यानपूर्वक तराशकर पॉलिश कर दिया गया है। जिस प्रकार हीरे का प्रारंभ उसके अपरिष्कृत रूप में होता है, उसी प्रकार शक्ति का प्रारंभ प्रतिभा के रूप में होता है। जिस प्रकार अपरिष्कृत हीरा प्राकृतिक रूप से जमीन के अंदर पाया जाता है, उसी प्रकार प्रतिभा स्वाभाविक रूप से आपके अंदर पाई जाती है, किंतु हीरे को औजारों और पॉलिश करनेवाली चर्खियों के माध्यम से तराशा जाता है, जबकि शक्तियों की उत्पत्ति तब होती है, जब प्रतिभा को ज्ञान और कौशल से परिष्कृत किया जाता है।

व्यक्ति के अंदर अनेक प्रकार की प्रतिभाएँ नैसर्गिक रूप से विद्यमान रहती हैं और इनमें से प्रत्येक प्रतिभा विशिष्ट है। आपकी ये विशिष्ट प्रतिभाएँ ही वे

प्रमुख तत्त्व हैं, जो आपको एक अद्वितीय व्यक्ति बनाती हैं और यह अद्वितीयता आपके और आसपास के लोगों के लिए अत्यंत महत्त्वपूर्ण हैं। हर बार जब आप अपने विशिष्ट तरीके से कोई भी कार्य बहुत अच्छी तरह करते हैं तो आपकी ये प्रतिभाएँ विभिन्न संयोजनों में कार्य कर रही होती हैं। प्रतिभाओं और शक्तियों का यही वह सम्मिश्रण है, जो प्रत्येक व्यक्ति को एक-दूसरे से भिन्न बनाता है। यद्यपि प्रत्येक व्यक्ति सफलता को अपने तरीके से परिभाषित करता है, परंतु उपलब्धि और उत्कृष्टता अपनी शक्तियों को पूरी तरह विकसित और प्रयुक्त करने पर ही हासिल होती है।

आपकी प्रतिभाओं और उपलब्धियों के बीच एक सीधा संबंध होता है। आपकी प्रतिभाएँ आपको शक्तिशाली बनाती हैं। ये आपके लिए यह संभव बनाती हैं कि आप उत्कृष्टता के ऊँचे स्तरों तक पहुँच सकें और अपनी क्षमताओं का उपयोग कर सकें। इसलिए यह बहुत जरूरी है कि आप अपनी प्रतिभाओं को जानें, समझें और उन्हें महत्त्व दें। प्रतिभाएँ न सिर्फ आपको कोई कार्य एक बार अच्छी तरह करने में मदद करती हैं बल्कि वे उसे बार-बार कुशलतापूर्वक करने में भी सहायता करती हैं। प्रतिभा का महत्त्व सफलता की प्राप्ति में सहायक होना ही नहीं है, बल्कि उसे उत्तमता के साथ प्राप्त करने में है। उत्तम प्रतिभाएँ आपकी श्रेष्ठ उपलब्धियों और सर्वोत्तम तरीके से किए गए आपके कार्यों के साथ जटिलता से जुड़ी रहती हैं।

प्रतिभाएँ मांसपेशियों की तरह होती हैं। यदि आप उनका इस्तेमाल करें तो वे लक्ष्य पर पहुँचने में सहायक होंगी। इसके अलावा, यदि आप उन्हें विकसित कर लें तो वे मजबूत होंगी और सफलता प्राप्त करने में अधिक सहायक होंगी। आपकी प्रतिभाएँ आपको विशिष्ट बनाती हैं। इसलिए प्रतिभाओं को जानना, समझना और उन्हें महत्त्व देना अत्यंत अनिवार्य है; क्योंकि वे कक्षाओं, व्यवसायों और संपूर्ण जीवन की सफलताओं से सीधे तौर पर जुड़ी हुई होती हैं।

आपके अंदर नैसर्गिक रूप से पाई जानेवाली प्रतिभा के विपरीत ज्ञान और निपुणता को अर्जित किया जा सकता है। किसी भी कार्य के विभिन्न भागों को समुचित तरीके से पूरा करने की क्षमता ही निपुणता है। ज्ञान का संबंध तथ्यों और विषयों को सीखने से है।

आई.आई.टी. संयुक्त प्रवेश परीक्षा अभ्यर्थियों की शक्तियों की खोज

मेरी शिक्षा मेरे लिए बहुत महत्त्वपूर्ण है, इसलिए मुझे काफी समय अपनी कक्षाओं में लगाना है। मैं प्रत्येक कक्षा में 'ए' प्राप्त करने जा रहा हूँ और मैं अपने

शिक्षक से प्रत्येक उस अवसर की माँग करने वाला हूँ, जिससे अपने 'ए' को 'ए +' में बदल सकूँ।

सामान्य शैक्षिक जीवन

यदि आप स्कूल में हैं तो अपने शैक्षिक कैरियर पर ध्यान दें। एक उत्कृष्ट गुण से पूर्ण व्यक्ति बनने के लिए वह सबकुछ करें, जो आप अब कर सकते हैं। भविष्य में उत्कृष्टता के लिए यह आपकी सर्वोत्तम तैयारी होगी। अपने शिक्षकों से निवेदन करें कि वे आपके कार्यों के संदर्भ में अपनी अपेक्षाओं को स्पष्ट करें।

आपकी व्यक्तिगत महानता के बीज प्रतिभा के रूप में आपके अंदर पहले से ही मौजूद हैं। इसलिए आपकी शक्तियों की खोज अपनी नैसर्गिक प्रतिभाओं के द्वारा श्रेष्ठता प्राप्त करना और वह सबकुछ बनना है, जो आप बन सकते हैं। दरअसल यह खोज एक प्रकार से आप वास्तव में जो कुछ हैं, उसे ही ढूँढ़ना, विकसित करना और उपयोग करना है।

अपनी शक्तियों की खोज आपके लिए जीवनपर्यंत चलनेवाली प्रक्रिया है। अपनी प्रतिभाओं की खोज, उनका विकास और उनका प्रयोग—ये तीनों ही प्रक्रियाएँ जीवन भर चलती रहेंगी।

खोज की दिशा प्राप्त करना

अपनी शक्तियों की जानकारी, विकास और उनका प्रयोग आपके संपूर्ण प्रेरणा-स्तर से जटिल रूप से जुड़ा हुआ है। अपनी शक्तियों की खोज में आप जितनी ही गहराई तक पहुँचेंगे, आपकी अनुप्रेरणा उतनी ही बढ़ेगी और यह आपके जीवन में आमूल परिवर्तन कर सकती है।

उपलब्धि हासिल करनेवाले लोग लगातार सफलता प्राप्त करते रहने की आवश्यकता पर बल देते हैं। आप ऐसा महसूस करते हैं मानो दिन शून्य से प्रारंभ होता है। दिन समाप्त होने तक आप कोई ऐसी ठोस सफलता अवश्य प्राप्त कर लें जिससे आप अपने बारे में अच्छा महसूस कर सकें। प्रतिदिन का अर्थ है—प्रत्येक कार्य-दिवस, सप्ताहांत एवं छुट्टियाँ। चाहे आप आराम के लिए एक दिन अवकाश की कितनी भी आवश्यकता क्यों न महसूस कर रहे हों, यदि दिन बिना किसी उपलब्धि के ही बीत जाता है तो आप असंतुष्ट महसूस करते हैं। आपके अंदर एक ज्वाला धधक रही होती है। यह आपको और अधिक कार्य करने एवं और अधिक उपलब्धि हासिल करने के लिए प्रेरित करती है। हर बार किसी कार्य के सफल

निष्पादन के बाद यह ज्वाला एक क्षण के लिए दुर्बल होती है, किंतु फिर बहुत जल्द ही प्रज्वलित हो जाती है और आपको अगली उपलब्धि हासिल करने की ओर प्रेरित करती है।

विचार कार्य में बदलते हैं

कार्य ही सीखने का सर्वोत्तम तरीका है। आप एक निर्णय लेते हैं, उसके अनुरूप कार्य करते हैं, परिणाम प्राप्त करते हैं और सीखते हैं। यदि आपके पास प्रतिक्रिया के लिए कुछ नहीं है तो आप कैसे विकसित हो सकते हैं? अच्छा, खैर, यदि आप समझते हैं कि नहीं कर सकते, तो भी ऐसी स्थिति में आपको आगे आना चाहिए। अंतिम स्थिति यह है—आप जानते हैं कि आपका आकलन आप जो कुछ कहते हैं, उससे नहीं किया जाएगा; जो आप सोचते हैं, उससे भी नहीं किया जाएगा; किंतु आप जो कुछ करते हैं, वही आपके आकलन का आधार होगा। इससे आप भयभीत नहीं, बल्कि प्रसन्न होते हैं।

आप यह देख सकते हैं कि विचारों को किस प्रकार कार्यान्वित किया जा सकता है। अब आप कुछ करने के बारे में सिर्फ बातें करने की अपेक्षा वास्तव में कुछ करना चाहते हैं। क्रियावर्धक प्रतिभाएँ महत्त्वपूर्ण हैं। वे कार्य को आगे बढ़ाने और पूरा करने के लिए ऊर्जा उत्पन्न करती हैं। समस्याओं के समाधान के लिए इस विषय-वस्तु से नवीन प्रक्रियाओं और रचनात्मक दृष्टिकोणों का प्रादुर्भाव होता है।

धारा के साथ रहिए, आप आगे बढ़ सकते हैं। आप साधारण से लेकर जटिल समस्याओं तक सभी से निपट सकते हैं और फिर अपनी प्रगति के लिए भी रास्ता पा सकते हैं। किसी भी परियोजना को सफल बनाने में समस्त जटिल तत्त्वों का समन्वय करने में आप आनंद का अनुभव कर सकते हैं।

विश्लेषणात्मक दृष्टिकोण

दार्शनिक फ्रेडरिक नीत्शे को यह कहते हुए उद्धृत किया गया है—''जिसके पास जीने के लिए 'क्यों' है, वह लगभग किसी भी 'कैसे' को बरदाश्त कर सकता है।''

आप परतों को धीरे-धीरे उस समय तक छीलते जाते हैं, जब तक कि मूल कारणों का पता नहीं चल जाता। दूसरे लोग आपको तर्कसंगत और परिश्रमी समझते हैं। एक बच्चे को देखकर मैंने एक घड़ी के सभी पुरजों को यह जानने के लिए

अलग कर दिया कि यह कैसे काम करती है। जब मैंने इसके उपकरणों (मीयर्स) को देखा कि ये मिलकर किस प्रकार कार्य करती हैं, तब सबकुछ समझ में आ गया। मैं उन्हें यथास्थान जल्दी ही आसानी से लगा भी सका।

आप उन कारणों की खोज करते हैं कि चीजें वैसी क्यों हैं। विश्लेषणात्मक योग्यताएँ बहुमूल्य हैं; क्योंकि ये गहराई तक पहुँचने, मूल कारणों और प्रभावों को समझने तथा सच्चाई के बारे में स्पष्ट विचारों को विकसित करने में आपकी मदद करती हैं। इस प्रकार के चिंतन से आप स्पष्ट रूप से यह समझ लेते हैं कि उत्कृष्टता क्या है और इसे किस प्रकार प्राप्त किया जा सकता है।

प्रतिस्पर्धात्मक दृष्टिकोण

प्रतिस्पर्धा का मूल तुलना में है। जब आप संसार की ओर देखते हैं तो नैसर्गिक रूप से दूसरों के कार्यों से अवगत होते हैं। सभी स्पर्धाओं की भाँति आपको दूसरे लोगों की आवश्यकता होती है। आपको तुलना की आवश्यकता पड़ती है। यदि आप तुलना कर सकते हैं तो आप प्रतिस्पर्धा कर सकते हैं और यदि आप प्रतिस्पर्धा कर सकते हैं तो आप जीत सकते हैं और जब आप विजयी होते हैं तो वैसी कोई दूसरी अनुभूति नहीं होती। आप दूसरे प्रतियोगियों को पसंद करते हैं, क्योंकि वे आपको पुष्ट करते हैं। आप प्रतिस्पर्धाओं को पसंद करते हैं, क्योंकि उनमें कोई विजेता होता ही है। आप प्रतिस्पर्धाओं को उस स्थिति में विशेष रूप से पसंद करते हैं, जब आप यह जानते हैं कि आपके अंदर विजेता बनने की आंतरिक क्षमता है। यद्यपि आप अपने सह-प्रतिस्पर्धियों के प्रति शिष्ट रहते हैं और असफल होने पर उदास हो जाते हैं, तो भी आप प्रतिस्पर्धा में परिहास के लिए भाग नहीं लेते। आप जीतने की धारणा से ही स्पर्धा में भाग लेते हैं।

दृष्टिकोण की शक्ति

आपके जीवन का सबसे बड़ा 'प्रश्न' क्या है? आप अंततोगत्वा क्या करने का प्रयास कर रहे हैं? आप किस लक्ष्य, उद्देश्य अथवा आधारभूत ध्येय को प्राप्त करना चाहते हैं?

यह 'लक्ष्य' से संबंधित प्रश्न है। जब आप अपना व्यक्तिगत लक्ष्य स्पष्ट रूप से निर्धारित कर लेते हैं, तब अपनी प्रतिभा और लक्ष्य को जोड़ना महत्त्वपूर्ण होता है; क्योंकि आपका लक्ष्य आपकी प्रतिभाओं को शक्ति के रूप में विकसित

करने के लिए प्रेरित करता है और ये शक्तियाँ आपको अपना लक्ष्य पूरा करने की सामर्थ्य देती हैं।

स्थिति ⟹ प्रदर्शन ⟹ निपुणता (दक्षता)।

☑ शक्तियाँ और कैरियर प्लानिंग

मार्क ट्वेन ने एक ऐसे व्यक्ति की कहानी कही, जिसने अपने जीवन भर संसार के सबसे बड़े सेनानायक की खोज की। जब वह व्यक्ति मर गया तो, स्वर्ग में पहुँचकर संत पीटर के पास गया और बोला, "मैं संसार के सबसे बड़े सेनानायक को ढूँढ़ रहा हूँ।"

संत पीटर ने उत्तर दिया, "मैं जानता हूँ। हम लोग आपकी प्रतीक्षा कर रहे थे, आपके लिए एक अच्छी खबर है। यदि आप वहाँ देखें तो संसार के सबसे बड़े सेनानायक को देखेंगे।"

वृद्ध ने उत्तेजित होकर वहाँ देखा और कहा, "वह संसार का श्रेष्ठतम सेनानायक नहीं है। वह व्यक्ति हमारे गृहनगर की मुख्य सड़क पर बैठने वाला मोची है।"

संत पीटर ने उत्तर दिया, "किंतु यदि वह सेनानायक होता तो संसार का सबसे बड़ा सेनानायक होता।"

इस कहानी का आशय मोची की महत्ता को कम करके आँकना नहीं है। एक मोची का कार्य उपयोगी है और उसके लिए विशेष प्रतिभा की आवश्यकता पड़ती है; किंतु यह कहानी कुछ मौलिक प्रश्न उठाती है — क्या मोची को यह पता था कि उसमें क्या करने की क्षमता थी? क्या उसे पता था कि उसमें संसार का सबसे बड़ा सेनानायक बनने की प्रतिभा थी? क्या किसी ने उसे यह समझने का प्रयास किया कि वह महान् बन सकता है?

मार्क ट्वेन की कहानी एक दुःखद सत्य की ओर इंगित करती है — ऐसे बहुत से श्रेष्ठ मोची हैं, जिन्हें यदि अवसर या प्रोत्साहन मिला होता तो वे महान् सेनानायक बन सकते थे। यह भी संभव है कि विकल्प दिए जाने पर उन्होंने मोची बनना ही पसंद किया होता। इसके अलावा इन सबसे बिलकुल भिन्न शायद वे किसी ऐतिहासिक कैरियर का प्रस्ताव भी दे सकते थे। अपना कैरियर चुनने के पहले इस कहानी पर थोड़ा विचार कीजिए।

कैरियर की योजना का निर्धारण करते समय संघर्ष करनेवालों में आप अकेले

नहीं हैं। कैरियर-निर्धारण की योजना-प्रक्रिया प्रत्येक व्यक्ति के लिए एक चुनौती है। अपने कैरियर का लक्ष्य बनाने के पहले अपने मूल्यों का लक्ष्य निर्धारित करें। आज ही अपनी जीवन-यापन प्रणाली प्रारंभ करें और उसके अनुरूप जिएँ। आप तब तक आराम नहीं करेंगे जब तक अपने वांछित लक्ष्यों तक नहीं पहुँचेंगे और वे ही आपके लक्ष्य होंगे।

प्रेरणा तरंग : यदि आप चाहते हैं कि ईश्वर प्रसन्न हों तो उन्हें अपने भविष्य की योजनाएँ बताइए।

मन में रखिए : कभी-कभी जिस रास्ते पर आप चल रहे होते हैं, वह उतना महत्त्वपूर्ण नहीं होता जितनी कि वह दिशा होती है जिधर आप बढ़ रहे होते हैं।

विचार क्षेत्र : छानबीन कीजिए। स्वप्न देखिए! खोज निकालिए!

□

3

आई.आई.टी. का एक छात्र

आई.आई.टी. का एक छात्र

- उसकी शिक्षा अच्छी होती है।
- वह प्रभावित करता है।
- लोग उसे पसंद करते हैं और उसकी प्रशंसा करते हैं।
- उसकी नौकरी सुरक्षित रहती है और उसे बहुत अच्छा वेतन मिलता है।
- उसके व्यक्तिगत और व्यावसायिक संबंध मधुर होते हैं।
- वह अपने लक्ष्यों को पूरा करता है।

हमारी उपलब्धियों का स्तर जीवन में किए गए त्याग के अनुपात के अनुरूप होता है। प्रत्येक महत्त्वपूर्ण उपलब्धि की एक कीमत होती है। प्रश्न यह है कि क्या आप उस उपलब्धि को प्राप्त करने के लिए उसकी समुचित कीमत कठिन परिश्रम, त्याग, धैर्य, विश्वास और लगन के रूप में देने को तैयार हैं?

आई.आई.टी. का छात्र बनने के लिए आप में होना चाहिए—

- दृढ़ निश्चय और कार्य-शक्ति।
- अनुशासन और निरंतरता।

• उद्‌देश्यपूर्णता और व्यावहारिकता।

सफलता के लिए यह जानना जरूरी है कि आप क्या चाहते हैं, आपने क्या समझा है और किस प्रकार आपकी ऊर्जा आपके कार्यों को प्रभावित करती है? आइए, यह ढूँढ़ने का प्रयास करें कि आपके शक्ति-केंद्रों के अप्रकट अंगों के महत्त्वपूर्ण कार्य क्या हैं—

शक्ति-केंद्र	स्थिति	कार्य
शिखर	सिर का ऊपरी भाग	अंतर्ज्ञान और प्रेरणा
ललाट	ललाट का केंद्र	स्मृति और कल्पना
बरौनियों के मध्य	बरौनियों के बीच का भाग	अनुशासन और निरंतरता
कंठ	कंठ का मध्य भाग	उद्‌देश्यपूर्णता और व्यावहारिकता

अप्रत्याशित को मान्यता

अल्बर्ट आइंस्टीन ने सन् 1954 में लिखा था—यह वास्तव में एक आश्चर्य से कम नहीं है कि शिक्षण के आधुनिक तरीकों ने अभी तक अनुसंधान की पवित्र जिज्ञासा को पूर्णत: विकसित नहीं किया है। यह सोचना एक भयंकर भूल है कि संशोधन और कर्तव्य की भावना के माध्यम से अवलोकन और अन्वेषण के आनंद की अभिवृद्धि की जा सकती है।

चार्ल्स गुड इयर अनेक वर्षों तक यह अध्ययन करते रहे कि रबर को **सुरक्षित रखते हुए** उसे किस प्रकार जोड़ा जाए, ताकि तापमान में परिवर्तन के बावजूद वह अपने लचीलेपन को बनाए रख सके। उन्होंने बताया कि रबर से टायर बनाने की प्रक्रिया में वल्कनीकरण (गंध-हरण) की पद्धति का विकास उनके स्वप्न में आए एक अंतर्बोध का अनुसरण करने के कारण हुआ—'रबर के साथ सल्फर को मिलाओ'। उन्होंने लिखा—"मैं अपने उन प्रयासों में इस भावना से उत्साहित हुआ कि जो अव्यक्त व अज्ञात है और जिसे वैज्ञानिक शोध से नहीं ढूँढ़ा जा सकता, वह संभवत: संयोग से उस व्यक्ति द्वारा ढूँढ़ निकाला जाता है, जो अथक परिश्रम के साथ किसी विषय में न सिर्फ लगा हुआ है, बल्कि वह उस विषय के सभी पहलुओं पर पैनी दृष्टि भी रखता है।"

सैमुअल मॉर्स ने टेलीग्राफ की अवधारणा उस समय ग्रहण की जब वे यूनाइटेड स्टेट्स वापस जाते समय जहाज पर एक सहयात्री के साथ बिजली के

बारे में बातचीत कर रहे थे।

टेलीफोन एक आकस्मिक घटना के कारण ही विकसित हुआ। अलेक्जेंडर ग्राहम बेल और उनके सहयोगी थॉमस वॉटसन इस संभावना का पता लगाने के लिए प्रयोग कर रहे थे कि क्या एक छोटे से ध्वनि-संचालक उपकरण के आंतरिक भाग में प्रदोलित सूक्ष्म आवरण से बिजली के करंट में उसी प्रकार के परिवर्तन उत्पन्न किए जा सकते हैं, जैसे तरंग नन्हे से मानवीय कर्ण-पट (इयर ड्रम) द्वारा मध्य कान की हड्डी को उत्तेजित करने के लिए संप्रेषित किए जाते हैं। प्रयोग के दौरान बेल दूसरे कमरे में ध्वनि तरंगों को प्राप्त करने के लिए कान लगाए बैठे थे। अचानक बेल ने ग्राहक-यंत्र (रिसीवर) में एक झंकार सुनी। ट्रांसमीटर में एक स्प्रिंग फँस गया था और उसे मुक्त करने के प्रयास में वॉटसन ने यह झंकार उत्पन्न कर दी थी, जिससे थोड़ी सी बिजली का करंट उत्पन्न हुआ और वह तार के सहारे रिसीवर तक बेल के पास पहुँच गया। इस घटना के परिणामस्वरूप अंततोगत्वा टेलीफोन का विकास हुआ।

पेंसिलीन की खोज को भी सन् 1928 में सर अलेक्जेंडर फ्लेमिंग के एक संयोग से किए गए अवलोकन से जोड़ा जा सकता है। उन्होंने देखा कि कुछ वायुजनित तत्त्वों ने, जिन्हें बाद में फफूँदी बताया गया, पत्थर की तश्तरी पर दूषित हो रहे स्टैफिलोकोकस बैक्टीरिया का संहार कर दिया था। फ्लेमिंग इस खोज की चिकित्सीय जटिलता को नहीं समझ पाए थे; किंतु कई वर्षों बाद मार्टिन हेनरी और कार्ल मेयर के साथ ग्लैडिस हॉबी ने पेंसिलीन को परिपक्व किया और इस औषधि से एक रोगी को नीरोग करनेवाले प्रथम व्यक्ति बने। हॉबी ने बाद में एक और शक्तिशाली ऐंटीबायोटिक टेरामाइसिन विकसित किया।

इनमें से प्रत्येक प्रकरण में अन्वेषण इसलिए संभव हुआ, क्योंकि ये लोग उन स्थितियों के महत्त्व को पहचानने में सफल रहे, जिन्हें उन्होंने पहले कभी नहीं देखा था। यह वैज्ञानिकों के मौलिक गुणों में से एक है। नूतन ज्ञान पुराने ज्ञान को मात्र याद कर लेने से उत्पन्न नहीं होता, हालाँकि कुछ पुराना ज्ञान निश्चित रूप से आधार के रूप में आवश्यक है। नया ज्ञान उन स्थितियों के गहन अवलोकन से संभव होता है, जिन्हें दूसरों ने महसूस नहीं किया है। नया ज्ञान उन प्रश्नों के उत्तर से निकलता है, जिन प्रश्नों को दूसरों ने पहले कभी नहीं पूछा। नया ज्ञान ऐसे प्रयत्नों से उत्पन्न होता है, जिन्हें करने के लिए दूसरों ने कभी प्रयास नहीं किया। नया ज्ञान ऐसे निष्कर्षों पर पहुँचने से मिलता है, जिन पर दूसरे नहीं पहुँचे। नया ज्ञान चीजों को उस प्रकार वर्गीकृत करने से उत्पन्न होता है, जैसा दूसरों ने पहले

कभी नहीं किया एवं यह सही उत्तर पर कम और युक्तिसंगत उत्तर पर अधिक ध्यान केंद्रित करने से उपजता है। नया ज्ञान विज्ञान की विश्लेषणात्मक समझ के विकास के परिणामस्वरूप उत्पन्न होता है।

अपने स्वप्नों की चोरी का अवसर न दें

एक शिकारी को एक विशेष प्रकार का चिड़ियानुमा कुत्ता मिल गया। वह कुत्ता अपने प्रकार का अकेला कुत्ता था, क्योंकि वह पानी पर चल सकता था। एक दिन उस शिकारी ने अपने एक मित्र को शिकार पर साथ चलने के लिए आमंत्रित किया, ताकि उसे अपना विशिष्ट चिड़ियानुमा कुत्ता दिखा सके। कुछ समय बाद उन लोगों ने कुछ बत्तखें मारीं, जो नदी में गिर गईं। उस व्यक्ति ने अपने कुत्ते को आदेश दिया कि वह दौड़कर पक्षियों को पकड़ लाए। कुत्ता पक्षियों को पकड़ने के लिए पानी में कूद पड़ा। वह व्यक्ति उस अद्भुत कुत्ते के लिए बधाई की आशा कर रहा था, किंतु वह उसे नहीं मिली। उत्सुकतावश उसने अपने मित्र से पूछा कि क्या उसने इस कुत्ते में किसी बात पर ध्यान दिया है? मित्र ने उत्तर दिया, "हाँ, मैंने तुम्हारे कुत्ते में एक विशेष बात देखी है। वह तैर नहीं सकता।"

90 प्रतिशत से अधिक लोग, जिनसे हम प्रतिदिन मिलते हैं, नकारात्मक स्वभाव के होते हैं। उनकी आदत छिद्रान्वेषण की होती है। ऐसे लोगों से बधाई या प्रोत्साहन की आशा न करें। ये ऐसे लोग हैं, जो आपकी वर्तमान स्थिति से आपको बाहर नहीं खींच सकते। वे आपको केवल नीचे ही धकेल सकते हैं। इसलिए ऐसे लोगों से सतर्क रहें। इनके साथ कम समय बिताएँ और अपने सपनों को इन्हें चुराने न दें।

"इस पृथ्वी पर आप अपनी तरह के अकेले व्यक्ति हैं। आपके जैसा दूसरा कोई और नहीं है। दूसरों की तरह अपने आपको बनाने का दिन-रात प्रयास करना किसी व्यक्ति द्वारा लड़ी जानेवाली सबसे कठिन लड़ाई है।"

इस संसार में ऐसा कोई व्यक्ति नहीं है, जो किसी दुःख या मुसीबत से पीड़ित न हो, भले ही वह राजा हो या महात्मा। जब हम कर्तव्य का निर्वाह करने के लिए अपने आपको पूर्णतः समर्पित कर देते हैं, तब परिणाम सामने दिखते हैं। हममें से किसी के लिए जीवन के रास्ते निर्विघ्न नहीं हैं। उच्च उद्देश्यों के उत्तेजनाकारी वातावरण में उन्नतिशील व्यक्ति को रास्ते की विषमता ही सफलता के लिए तब तक प्रेरित करती रहती है जब तक कि वह अपना रास्ता समतल नहीं बना लेता और उद्देश्य को प्राप्त करके वह इस कहावत को चरितार्थ नहीं कर

लेता कि 'तारों तक पहुँचने के रास्ते दुर्गम होते हैं।' दूसरे लोग हमारे बारे में जो सोचते हैं, उससे ज्यादा महत्त्वपूर्ण यह है कि हम अपने बारे में कैसा महसूस करते हैं। 'बलिष्ठ का उत्तर जीवन' (सर्वाइवल ऑफ द फिटेस्ट) युगों-युगों से चली आ रही प्रकृति के नियम को अभिव्यक्त करती कहावत है; किंतु जो सक्षम होते हैं, वे बिरले ही बलवान् होते हैं। सक्षम व्यक्तियों में अनुकूलनशीलता, अपरिहार्य को स्वीकार करने की योग्यता एवं जिसे न टाला जा सकता हो, उसके अनुरूप अपने को ढाल लेने की क्षमता और बदलती परिस्थितियों से समन्वय स्थापित करने की योग्यता होती है।

प्रेरणा तरंग : परिपूर्णता को सदैव अपना लक्ष्य बनाइए, किंतु मात्र उत्कृष्टता से संतुष्ट हो जाइए।

मन में रखिए : नौ बार गिरने के बाद दसवीं बार उठकर खड़ा हो जाना ही सफलता है। जब घना अँधेरा हो तो आप तारे देख सकते हैं।

विचार क्षेत्र : उन अवसरों को खोने पर चिंता कीजिए, जब आप प्रयास भी नहीं करते हैं।

□

4

मानसिक खेल

खेल का प्रत्येक खिलाड़ी

खेल के मैदान में विजेता बनने के लिए समुचित सहायता महत्त्वपूर्ण है। इस स्थिति से फर्क पड़ जाता है कि खेल के नियमों को वास्तविकता समझकर उनके प्रति हमारी पूर्ण प्रतिबद्धता है अथवा किसी खेल के खिलाड़ी के रूप में हम यह समझते हैं कि ये नियम उसी सीमा तक वास्तविक हैं, जिस सीमा तक हमने उन्हें स्थापित किया और स्वीकारा है। खेल के उद्देश्यों को निर्धारित करनेवाले नियमों की स्थापना के साथ-साथ सहभागियों की भूमिका एवं उनके द्वारा किए जानेवाले उचित कार्यों का विवरण और प्रत्येक सहभागी को उपलब्ध सूचनाएँ, प्रगति निर्धारित करने के मानदंड, खेल समाप्त करने के मानदंड एवं पारितोषिक के वितरण की व्यवस्था आदि का पूर्ण विवरण उपलब्ध होना चाहिए। अंत में इन नियमों से यह भी स्पष्ट होना चाहिए कि यह खेल क्यों खेला जा रहा है।

आई.आई.टी. संयुक्त प्रवेश परीक्षा अपनी तरह का एक विशेष उद्यम है, जिसमें अनुकूल परिणाम तो कठिनाई से मिलता है, किंतु उत्कृष्ट पारितोषिक की संभावना भी रहती है।

अपने उच्च शिक्षा परिशिष्ट में 'टाइम्स' ने अंतरराष्ट्रीय विश्वविद्यालय का रैंकिंग इस प्रकार दिया है—

1. बर्कले।
2. एम.आई. टी.।
3. आई.आई.टी. : देश का गौरव।

यह छिपा नहीं है कि आई.आई.टी., यानी भारतीय प्रौद्योगिकी संस्थान विश्व का एक प्रख्यात शिक्षण संस्थान है। इस वर्ष आई.आई.टी. को अंतरराष्ट्रीय विद्वत् परिषद द्वारा अपने शैक्षिक कार्यक्रमों के सामर्थ्य एवं कठोर नियंत्रण के लिए वैश्विक पहचान मिली है। लंदन में 'टाइम्स' के उच्च शिक्षा परिशिष्ट में दिए गए रैंकिंग में सभी सात आई.आई.टी. संस्थानों को संसार के अन्य समतुल्य प्रमुख प्रौद्योगिकी संस्थानों, जैसे स्टेनफोर्ड और जॉर्जिया टेक्नोलॉजी विश्वविद्यालयों से ऊपर रखा गया है। वास्तव में एम.आई.टी. और कैलीफोर्निया विश्वविद्यालय, बर्कले के बाद आई.आई.टी. तीसरा प्रमुख शिक्षण संस्थान है। यह रैंकिंग 2,375 ऐसे शैक्षणिक संस्थानों के ध्यानपूर्वक किए गए सर्वेक्षण के बाद स्थापित किया गया है, जो विज्ञान और प्रौद्योगिकी, जैव-औषधीय एवं मानव-शास्त्रीय अध्ययनों में सन्निहित हैं। 'टाइम्स' के उच्च शिक्षा परिशिष्ट ने आई.आई.टी. को भारत का राष्ट्रीय गौरव बताते हुए इन्हें अन्वेषण और समृद्धि के स्रोत के रूप में चित्रित किया है। एम.आई.टी. में बड़ी संख्या में महान् शिक्षक उपलब्ध हैं। इनमें से प्रत्येक योग्य, सक्रिय और अद्भुत रूप से अनुसरणीय हैं। 150 वर्षों के गौरवशाली इतिहास के साथ कैलीफोर्निया विश्वविद्यालय, बर्कले उच्च शिक्षा के क्षेत्र में संसार के श्रेष्ठतम संस्थानों में एक है, जहाँ के शिक्षकों में से अब तक 20 को और पूर्व स्नातकों में से 24 को 'नोबेल पुरस्कार' से सम्मानित किया जा चुका है।

आई.आई.टी. के बारे में खास बात क्या है? इस संस्थान में संयुक्त प्रवेश परीक्षा के माध्यम से देश के विभिन्न भागों एवं विभिन्न सामाजिक पृष्ठभूमि से आए उच्च स्थान प्राप्त, वस्तुतः श्रेष्ठतम, छात्रों को स्वीकार किया जाता है। इस संस्थान में औसतन 100 में से 1 को लिया जाता है, जबकि एम.आई.टी. में 10 में से 1 को।

आई.आई.टी. के एक पूर्व निदेशक कहते हैं—"मैं इस बात से वास्तव में दुखी हूँ कि शिक्षक के रूप में हम अपना कार्य ठीक से नहीं कर रहे हैं। हम क्यों कहते हैं कि आई.आई.टी. संसार के पाँच श्रेष्ठ संस्थानों में एक है? क्यों नहीं यह कह पाते कि यह संसार का श्रेष्ठतम संस्थान है?"

आई.आई.टी. का वातावरण विकास में सहयोगी है। छात्रों का जीवन पाठ्यक्रम के साथ और पाठ्यक्रम के बाहर भी समृद्ध है। आई.आई.टी. के छात्रावास में रहकर विकसित होने का अनुभव भी विशिष्ट है। आई.आई.टी. का प्रत्येक छात्र मेधावी होता है और वे एक-दूसरे से बहुत कुछ सीखते हैं। आई.आई.टी. के पूर्व स्नातकों का उत्कृष्ट प्रदर्शन भी अगली पीढ़ी के स्नातकों के लिए अनेक दरवाजे खोल देता है।

पिछले वर्षों में अनेक लोगों ने 'ब्रेन ड्रेन' के बारे में अपनी चिंता व्यक्त की है। आई.आई.टी. स्नातकों द्वारा न केवल अन्य प्रौद्योगिकी-विहीन व्यवसायों को अपनाने, बल्कि विदेशों में नौकरी प्राप्त करने के कारण प्रौद्योगिकी में प्रशिक्षित मानव-शक्ति की क्षति पर भी आवाज उठाई गई है। एक प्रजातांत्रिक देश में किसी विशेष कैरियर को अपनाने के लिए किसी भी व्यक्ति को बाध्य नहीं किया जा सकता। अधिकांश माता-पिता इस तथ्य पर ध्यान नहीं देते कि वे बच्चे, जो विज्ञान और गणित में अच्छे होते हैं, अन्य विषयों जैसे भाषा, इतिहास, दर्शनशास्त्र, संगीत, तैरना, अभिकल्पन (डिजाइनिंग) आदि में भी अच्छे हो सकते हैं। स्कूल छोड़ने की उम्र में वे अपनी स्वाभाविक रुचि से अवगत नहीं होते, हम ही उन्हें प्रचलित सामयिक व्यवसाय में ढकेल देते हैं।

देश के प्रथम प्रधानमंत्री जवाहरलाल नेहरू ने भारत के निर्माण के लिए अनेक संस्थानों का स्वप्न देखा था। आई.आई.टी. भी उन्हीं स्वप्नों में से एक था, जो आगे चलकर स्वतंत्र भारत के ताज में एक रत्न बन गया है। अब आई.आई.टी. संसार में उत्कृष्टता का एक चिह्न बन चुका है, जिस पर देश को गर्व है। आई.आई.टी. प्रौद्योगिकी विशेषज्ञों, वैज्ञानिकों और प्रबंधकों को प्रशिक्षित करता रहा है। इनमें से कुछ तो महत्त्वपूर्ण संस्थानों के अत्यंत प्रमुख कार्य-संचालक या प्रशासक, अध्यक्ष, उद्यमकर्ता और मुख्य कार्यकारी अधिकारी हैं।

आई.आई.टी. संयुक्त प्रवेश परीक्षा एक अत्यंत कठिन परीक्षा है, जो प्रति वर्ष कठिनतर होती जा रही है।

वर्ष	संयुक्त प्रवेश परीक्षा में भाग लेनेवाले छात्रों की संख्या (लगभग)
1960	20,000
1970	40,000
1980	1,00,000 से कम
1990	1,00,000

2000	1,00,000 से अधिक
2005	2,00,000
2006	3,00,000 से कम
2007	3,00,000
2008	3,00,000 से अधिक

आइए देखें, आँकड़े क्या कहते हैं—वर्ष 2008 में आई.आई.टी. संयुक्त प्रवेश परीक्षा में जिन छात्रों ने प्रथम 10 स्थान प्राप्त किए, उनमें से 6 विभिन्न प्रदेशों से आए थे और उन्हें कोटा (राजस्थान) में प्रशिक्षित किया गया था। यदि आप समग्र स्थिति पर ध्यान दें तो पाएँगे कि संयुक्त प्रवेश परीक्षा में सफल हुए 7,800 छात्रों में 3,500 से अधिक छात्र राजस्थान के विभिन्न छोटे शहरों में फैले कोचिंग संस्थानों से जुड़े हुए थे।

इस वर्ष लगभग 3.2 लाख छात्रों ने आई.आई.टी. संयुक्त प्रवेश परीक्षा में भाग लिया था। उनमें से केवल 7,800 छात्र ही सफल हुए। इस प्रकार सफलता की दर मात्र 2 प्रतिशत रही। इधर कोटा के प्रशिक्षण संस्थानों की मदद लेनेवाले छात्रों की संख्या 25,000 थी, जिनमें 3,500 से अधिक छात्र सफल हुए और इस प्रकार सफलता की दर 14 प्रतिशत रही। पिछले वर्ष प्रथम 10 सफल छात्रों में केवल 4 ही कोटा से थे। यह भी एक रुचिकर तथ्य है कि आई.आई.टी. संयुक्त प्रवेश परीक्षा में सफल होनेवाले लगभग 50 प्रतिशत छात्र केवल पाँच शहरों—दिल्ली, हैदराबाद, जयपुर, कोटा और कानपुर के थे।

✓ एक टेक्नोक्रैट की रूपरेखा

प्रत्येक व्यक्ति शारीरिक भिन्नता, लिंग, स्वभाव, व्यक्तित्व, बुद्धि और सीखने के तरीकों के कारण उत्पन्न होनेवाली विशिष्टताओं का एक अद्‌भुत सम्मिश्रण है। प्रत्येक व्यक्ति में उसके अपने लिंग की विशिष्टता के अलावा पुरुष और स्त्री दोनों ही के गुणों का अद्‌भुत सामंजस्य होता है। बच्चे के विकसित हो रहे मस्तिष्क, हृदय और शरीर में उसके विकास की एक निश्‍चित रूपरेखा विद्यमान रहती है। प्रत्येक व्यक्ति अत्यधिक उमंग के साथ पैदा होता है।

किशोरावस्था (9-21 वर्ष) : अपनी पहचान विकसित करना बनाम अपनी भूमिका के प्रति द्विविधा

आरंभिक किशोरावस्था	मध्य किशोरावस्था	किशोरावस्था की अंतिम स्थिति में
	निर्णय करना	21 वयस्कता की आरंभिक स्थिति का अंतर 18
	18 किशोरावस्था में पदार्पण 12	आत्माभिमान
12 किशोरावस्था का प्रारंभ 9	कार्य-कुशलता का विकास	

बाल्यकाल (0-9 वर्ष) : ध्यान से देखना बनाम अनुकूलशीलता

आरंभिक बाल्यकाल	मध्य बाल्यकाल	बाल्यकाल की अंतिम अवस्था
	अपने संसार का विस्तार	9 बाल्यकाल की अंतिम स्थिति का अंतर 6
	6 बाल्यकाल पदार्पण 3	संसार को समझने की कोशिश
3 आरंभिक बाल्यकाल की स्थिति का अंतर 0	परिवेश से अनुकूलन	

जागरूक बनिए, बेखबर नहीं

प्रत्येक पीढ़ी पिछली पीढ़ी से भिन्न होती है। आज के किशोर पिछली पीढ़ी की अपेक्षा अधिक संवेदनशील हैं। प्रत्येक व्यक्ति अद्‌भुत और भिन्न होने के अलावा इस संसार में अपने साथ विशिष्ट विवादों और समस्याओं का पुलिंदा लिये आता है। कोई भी परिपूर्ण नहीं है। आप अपने मन में जो धारण करते हैं, उसी की रचना करते हैं। आप जिसके बारे में सोचते हैं, वही पाते हैं और आप जो कुछ बोलते हैं, वही बन जाते हैं। आप एक ऐसा उत्कृष्ट मानसिक दृष्टिकोण बनाए रख सकते हैं, जो पीछे ढकेलनेवाले विचारों और भाषा को अस्वीकार कर देता है।

किसी भी प्रतिस्पर्धात्मक घटना के लिए मानसिक तैयारी अनिवार्य है। प्रशिक्षक सदैव ही खिलाड़ियों को सोचने अथवा ध्यान केंद्रित करने का निर्देश देते हैं। ऐसा कहा गया है कि मानसिक तैयारी के परिणामस्वरूप खेल जीते गए हैं और इसके अभाव में असफलता हाथ लगी है। आपका मस्तिष्क विचारों का कारखाना है। आपके विचारों के कारखाने का उत्पादन दो 'फोरमैन' की देख-रेख में चलता है।

I.  **श्री जागरूक**—सकारात्मक विचारों के निर्माता हैं। इनकी विशेषज्ञता उन कारणों को निर्मित करने में है, जो यह बताते हैं कि क्यों आप अमुक कार्य को कर सकते हैं, आप इसके लिए किस प्रकार योग्य हैं और आप इसे क्यों करेंगे। 'मैं कोशिश करूँगा' की जगह 'मैं करूँगा' का इस्तेमाल करें। 'मैं कोशिश करूँगा' का अर्थ है कि मैं इसे करने के लिए बाध्य महसूस करता हूँ, किंतु वास्तव में मैं इसे करना पसंद नहीं करता। कोशिश का अर्थ इससे अधिक कुछ नहीं है।

II.  **श्री बेखबर**—नकारात्मक और उपेक्षाकारी विचारों के निर्माता हैं। ये उन कारणों को विकसित करने के विशेषज्ञ हैं, जो बताते हैं कि अमुक कार्य आप क्यों नहीं कर सकते, आप क्यों कमजोर हैं, किस प्रकार आप अपर्याप्त हैं और 'आप क्यों असफल हो जाएँगे?' व्यक्ति अपने विचारों की उपज है। नकारात्मक विचारवालों से विशेष रूप से अति सतर्क रहें। वे आपकी सफलता

की योजना के चिंतन को ही नष्ट कर देते हैं।

सकारात्मक सोच रखिए, अपने विचारों में परिवर्तन लाकर आप अपनी दुनिया बदल सकते हैं। जागरूक रहिए और सफलता का निर्माण कीजिए। विश्वास करें, यदि आप सचमुच विश्वास करें कि आप एक पहाड़ को सरका सकते हैं तो आप उसे सरका सकते हैं। अधिकांश लोगों में यह विश्वास नहीं होता कि वे पहाड़ों को सरका सकते हैं। इसलिए परिणामस्वरूप अधिकांश लोग इसे नहीं कर पाते।

विश्वास आपकी कार्य-शक्ति को बढ़ाता है। आलोचना, कठिनाई और अवरोध का सामना किए बिना उच्च स्तरीय सफलता प्राप्त करना संभव नहीं है; लेकिन आपको आगे बढ़ाने के लिए अवरोधों का इस्तेमाल संभव है। हम अपने जीवन में जो कुछ भी हासिल कर पाते हैं, उसे संभव बनानेवाला तापस्थापक उपकरण 'विश्वास' ही है। एक 'सकारात्मक दृष्टिकोण' कि 'मैं कर सकता हूँ', यह विश्वास ही कार्य को संपन्न करने के लिए आवश्यक शक्ति, कार्य-कुशलता और ऊर्जा का जनन करता है। जब आप यह विश्वास करते हैं कि आप अमुक कार्य कर सकते हैं तो कार्य कैसे संपन्न होगा, यह प्रक्रिया विकसित होने लगती है।

प्रत्येक कलाकार ब्रश को अपनी आत्मा में डुबोकर कलाकृतियों में अपनी ही प्रकृति को चित्रित करता है, वैसा ही वह अपना जीवन जीने में भी करता है।

☑ जितना आप सोचते हैं, उससे अधिक बुद्धि आपके पास है

मुझे बताइए, और मैं भूल जाऊँगा।
मुझे दिखाइए, मैं उसे याद रखूँगा।
मुझे शामिल कीजिए, मैं उसे समझ लूँगा।

—कन्फ्यूशियस

आपकी कल्पना की कोई सीमा नहीं है। आप जो कल्पना कर सकते हैं, वह दृढ़ निश्चय एवं प्रयास से बन सकते हैं। आप अपने मस्तिष्क को कार्य पर लगाइए, विश्वास कीजिए कि आप 'कर सकते हैं। दुनिया आपसे कहेगी कि आप नहीं कर सकते, फिर भी आप अपनी धारणा से शक्ति प्राप्त कर सकते हैं। आप अपने उद्देश्य को पूरा करने की योग्यता विकसित कर सकते हैं। जब एक बार किसी नूतन विचार से आपके मस्तिष्क का विस्तार हो जाता है तो यह फिर कभी सिकुड़कर मूल रूप में वापस नहीं आता। मैं भाग्य में बहुत विश्वास करता हूँ;

किंतु मैं पाता हूँ कि जितना ही अधिक परिश्रम करता हूँ, उतना ही अच्छा भाग्य मुझे मिलता है, क्योंकि 'भाग्य उन्हें ही सफल करता है, जो श्रम करते हैं।' जब वैज्ञानिक यह सीख लेते हैं कि अपने मानस-चित्रों के अलावा अपनी कल्पना का उपयोग कैसे करें तो ऐसे महान् आविष्कारों का जन्म होता है, जिन्हें लोग असंभव समझते हैं। जब वैज्ञानिकों के यथार्थवादी मस्तिष्क, कलाकारों की रचनात्मक कल्पना और दार्शनिकों के निर्देशक सिद्धांत तीनों आपस में मिलकर कार्य करेंगे, तो हमारा भविष्यकालीन संसार एक उत्कृष्ट संसार होगा।

आज आप वहाँ हैं, जहाँ आपके विचार आपको ले आए हैं। कल आप वहाँ होंगे, जहाँ आपके विचार आपको ले जाएँगे। शक्ति, मेधा और योग्यता हमारे अंदर सुषुप्त पड़े रहते हैं। इस बात को ध्यान में रखें कि चूँकि किसी काम को आपने अब तक नहीं किया है, इसलिए उसे आगे भी न करने का यह कोई कारण नहीं है। लोग असफल इसलिए नहीं होते हैं कि वे मूर्ख हैं, बल्कि इसलिए होते हैं कि उनमें पर्याप्त उत्साह नहीं होता। असफलता धरातल पर गिरना नहीं है। यह जहाँ आप गिरे हैं, वहीं पड़े रहना है। अपने अंदर आत्मविश्वास जगाइए। आत्मविश्वास के साथ लड़ाइयाँ जीती गई हैं। अन्वेषकों ने अपने सपनों को साकार किया है और अपने आप पर विश्वास करने के कारण ही नन्हे, दुर्बल प्राणियों ने विशालकाय आकृति प्राप्त की है। बुद्धि के विकास में एक महत्त्वपूर्ण तथ्य अवलोकन करना है। निरीक्षण द्वारा ही आप चीजों को ध्यानपूर्वक और बारीकी से देखते हैं।

क्या अनेक लोगों ने एक सेब को पेड़ से जमीन पर गिरते हुए नहीं देखा है? लेकिन आइजक न्यूटन ने ही उसे अनुभव किया और गुरुत्वाकर्षण के नियम की खोज की। अलेक्जेंडर ग्राहम बेल ने भी चीजों को ध्यानपूर्वक देखा और टेलीफोन का आविष्कार किया। गहन निरीक्षण करनेवाले अल्बर्ट आइंस्टीन को सापेक्षता के सिद्धांतों की खोज करने का सम्मान मिला और थॉमस अल्वा एडिसन को बिजली के बल्ब का। सदैव ध्यानपूर्वक अवलोकन कीजिए, हर समय अपना मस्तिष्क खुला रखिए, सजग होकर देखिए कि किस प्रकार विभिन्न कार्यों को पूरा किया जा रहा है, विशेष रूप से आपसे अधिक अनुभवी लोगों के द्वारा किए जा रहे कार्यों पर आपकी पैनी नजर रहनी चाहिए।

विस्तृत विवरणों पर ध्यान दीजिए। यह सुनिश्चित कर लें कि जो कुछ करने की आपसे आशा की जाती है, उसके बारे में आपको पूरा ज्ञान है और आप वह गलती नहीं करेंगे, जिसे उन कर्मकारों ने किया था और प्रबंधक द्वारा उनके कार्यालय की दीवार और दरवाजे को तोड़ते हुए देखे गए थे। यह आशा न करें कि स्वर्ग से

कोई देवदूत उतरकर आएगा और आपके विकास के लिए एक ऐसा नक्शा दे देगा, जिस पर बड़े तीरों के माध्यम से आपकी प्रगति का रास्ता चिह्नित होगा। आपका विकास आपका अपना कर्तव्य है। अपनी प्रतिभा के उपयोग की विफलता का अर्थ अपने आपको क्षतिग्रस्त करना है।

महान् चित्रकार लियोनार्ड द विंची ने ठीक ही कहा था—"इस्तेमाल न किए जाने से लोहे पर जंग लग जाता है, रुका हुआ पानी अपनी शुद्धता खो देता है एवं ठंडे मौसम में जम जाता है और इसी प्रकार नैतिक ह्रास के संक्रमण से मस्तिष्क की ओजपूर्णता नष्ट हो जाती है। जागरूक, अभिरुचि-संपन्न और उत्सुक मस्तिष्क स्वास्थ्य और जीवन के आनंद दोनों ही के लिए एक श्रेष्ठ साधन है।" प्रत्येक व्यक्ति में असीम क्षमताएँ होती हैं। एक चमत्कारक और साधारण व्यक्ति में अंतर केवल यह है कि चमत्कारक व्यक्ति न सिर्फ अपनी सुषुप्त क्षमताओं का अधिक-से-अधिक इस्तेमाल करता है, बल्कि कठोर परिश्रम भी करता है।

ख्याति अर्जित करने के लिए खेलना	**ख्याति न खोने के लिए खेलना**
मैंने जोखिम उठाया।	मैंने अस्तित्व बनाए रखा।
मैंने यह जान लिया कि मैं कौन हूँ।	मैं आहत नहीं हुआ।
मैं परिवर्तित हुआ।	मैं निश्चिंत था।
मैं विकसित हुआ।	मैं कभी पराजित नहीं हुआ।
मैंने सीखा।	मैं सदैव सही था।
मैं साहसी था।	मैं अच्छी तरह जानता था कि मैं कौन हूँ।

यथार्थवादी बनिए

"प्रारंभ से ही मेरे माता-पिता यह चाहते थे कि अपने पिता की तरह मैं भी एक डॉक्टर बनूँ। ज्यों ही मैं अपनी माता के गर्भ से निकला, उन्होंने समझ लिया कि मेरे गले में 'स्टेथेस्कोप' लटका हुआ है। किंतु मैं डॉक्टर नहीं बनना चाहता था। जब मैं पंद्रह वर्ष का हुआ तो मैंने अपने माता-पिता को यह बता दिया कि मैं जीव विज्ञान नहीं पढ़ना चाहता। तीसरा विश्वयुद्ध शुरू हो गया। मैंने कहा कि यदि आप मुझे बाध्य करेंगे

तो मैं फेल हो जाऊँगा। उन्होंने मुझे भौतिक विज्ञान, रसायन विज्ञान और जीव विज्ञान ही पढ़ने के लिए कहा। मैं पढ़ नहीं पाया। मुझे जीव विज्ञान में बहुत कम नम्बर मिले, किंतु भौतिक विज्ञान और रसायन विज्ञान में 'ए' मिला। मुझे याद है कि परीक्षा में जीव विज्ञान की कॉपी पर मैंने अपना नाम लिखा और उसके बाद मुझे नींद आ गई। तब मेरे माता-पिता ने यह महसूस किया कि मैं जो नहीं करना चाहता हूँ, उसे करने के लिए वे मुझे बाध्य नहीं कर सकते। बाद में मैंने गणित लिया और संयुक्त प्रवेश परीक्षा में सफल होकर आई.आई.टी. का छात्र बना।"

किसी छात्र के ये उद्‌गार बताते हैं कि हम अपने कर्मों से ही अपने भाग्य का निर्माण करते हैं। यह चुपचाप बैठकर स्वीकार कर लेने की बात नहीं है। आपको अपने ऊपर पूर्ण नियंत्रण प्राप्त करना होगा।

प्रेरणा तरंग : आशावादी और निराशावादी दोनों ही प्रकार के लोग हमारे समाज में सहयोग करते हैं। आशावादी हवाई जहाज का अन्वेषण करते हैं तो निराशावादी पैराशूट का।

मन में रखिए : संकट और गतिरोध जब कभी उत्पन्न होता है तो उनका कम-से-कम यह लाभ तो है ही कि वे हमें सोचने के लिए बाध्य करते हैं।

विचार क्षेत्र : डींग मारने से ही मेरा अस्तित्व है।

□

5

आजीविका की रूपरेखा बनाइए

विज्ञान और आप

आज जिसे आप विज्ञान (साइंस) के रूप में जानते हैं, उसे प्रारंभ में दर्शन (फिलॉसफी) कहा जाता था। 'फिलॉसफी' शब्द अरस्तू के जमाने में 'फिलोस' और 'सोफिया' शब्दों के योग से निर्मित किया गया। 'फिलोस' का अर्थ है—प्रेम और 'सोफिया' का मतलब है—'व्यावहारिक ज्ञान'। इस प्रकार 'फिलॉसफी' का शाब्दिक अर्थ हुआ—व्यावाहारिक ज्ञान से प्रेम। साइंस एक लैटिन शब्द 'सेंटिया' से निकला है, जिसका अर्थ है—जानना, ज्ञान को आत्मसात् करना। ज्ञान का एक भाग या तथ्यों अथवा सत्य से संबंधित विस्तृत विवरणों का सुव्यवस्थित अध्ययन है, जिससे निपुणता, सुविज्ञता और कार्य-प्रणाली संबंधी सामान्य नियमों के प्रचलन की अभिव्यक्ति हो।

विज्ञान ज्ञान की वह प्रणाली है, जिसकी रचना तर्कसिद्ध तरीके से स्थिर सिद्धांतों अथवा मतों पर गहन अवलोकन एवं प्रयोगों के आधार पर की गई है। प्राकृतिक तत्त्वों के विस्तृत लक्षणों के लिए उत्तरदायी विवरणों को अभिव्यक्त करनेवाले विज्ञान, जैसे भौतिक विज्ञान और रसायन विज्ञान का अकसर ऐसे सिद्धांतों के माध्यम से अध्ययन किया जाता है, जो अनेक निरीक्षणों पर आधारित किसी

सिद्धांत को गणित के अनुसार अभिव्यक्त करते हैं। आदर्श रूप से ऐसे सिद्धांत प्रत्यक्ष वस्तु से संबंधित पिछले समस्त ज्ञान को अपने अंदर समेटे रहते हैं और उनका उपयोग परीक्षण संबंधी आकलनों के लिए किया जा सकता है। प्रायोगिक प्रमाणों के आधार पर ही उन सिद्धांतों से मत-भिन्नता अथवा उनका परित्याग हो सकता है।

आज संसार में किसी भी देश की संपन्नता इस बात पर निर्भर करती है कि वह उपलब्ध वैज्ञानिक ज्ञान का किस प्रकार उपयोग करता है और उसके वैज्ञानिक क्या काम कर रहे हैं। वैज्ञानिकों का निर्माण करने के लिए केवल विज्ञान का अध्ययन करना ही पर्याप्त नहीं है। यह उस ज्ञान का निर्माण करना है, जिससे वैज्ञानिक निर्मित होते हैं। छात्रों को विज्ञान का अध्ययन उसी प्रकार करना चाहिए जिस प्रकार विज्ञान विकसित होता है। रसायन विज्ञान का अध्ययन उसी प्रकार किया जाना चाहिए जिस प्रकार रसायनज्ञ अपना कार्य करते हैं। भौतिकी का अध्ययन उसी प्रकार किया जाना चाहिए, जिस प्रकार भौतिक शास्त्र विस्तृत संसार को उद्‌घाटित करता है, जीव विज्ञान का अध्ययन ठीक उसी प्रकार किया जाना चाहिए जिस प्रकार जीव विज्ञानी जीवन-प्रक्रियाओं की जाँच करते हैं।

विज्ञान और अभियांत्रिकी संबंधी कैरियर

लोग विज्ञान और अभियांत्रिकी के क्षेत्र में अपनी आजीविका अनेक कारणों से ढूँढ़ते हैं। कुछ लोगों के विशेष लक्ष्य होते हैं। वे रोगियों को नीरोग करना अथवा भुखमरी दूर करना या प्रदूषण कम करना चाहते हैं, या फिर वे अगला लेजर, ट्रांजिस्टर अथवा अंतरिक्ष यात्रा के लिए वाहन विकसित करने का स्वप्न देखते हैं, अथवा वे ऐसी अभियांत्रिक कंपनियों का निर्माण करने की कल्पना करते हैं, जो नई यांत्रिक क्षमताओं को पूँजीकृत कर सके। कुछ लोग विज्ञान और अभियांत्रिकी में अपनी आजीविका इसलिए ढूँढ़ते हैं, क्योंकि वे प्राकृतिक संसार के बारे में उत्सुक होते हैं। कुछ अन्य लोग बौद्धिक संसार की उत्तेजना और सौंदर्य से प्रेरित होकर भी इस ओर आकर्षित होते हैं और ऐसे सिद्धांतों को स्थापित करने की आशा करते हैं, जो इस संसार के बारे में नई सोच उत्पन्न कर सके। विज्ञान और यांत्रिकी के क्षेत्र की जीवन-यापन प्रणालियाँ अनिवार्यत: ऐसी आशाओं से भरपूर होती हैं, जो लोगों का जीवन सुधार सकती हैं और जो ऐसे ज्ञान में परिणत हो सकती हैं, जिस का सभी लोग उपयोग कर सकें; क्योंकि विज्ञान और प्रौद्योगिकी के उत्पादों एवं शिल्प-विधियों का उपयोग आधुनिक समाज में प्रमुख रूप से

किया जा रहा है, इसलिए इन विषयों का पृष्ठभूमि-ज्ञान आजीविका संबंधी अनेक कार्यों के लिए अनिवार्य हो गया है।

विज्ञान के क्षेत्र में कैरियर

आपकी सफलता इस बात पर निर्भर करती है कि आप उस स्थान पर पहुँचें, जहाँ आपकी रुचि इंगित करती है। क्या आप किसी नई समस्या, जटिलता अथवा आवश्यकता की चुनौती से आनंदित होते हैं? क्या प्रकृति की जटिलताओं को समझने के लिए आप उत्सुक रहते हैं? यदि ऐसा है तो विज्ञान और अभियांत्रिकी का अध्ययन यद्यपि अत्यंत कठिन है, फिर भी यह आपको अपने लक्ष्यों तक पहुँचने के लिए आवश्यक धारणाओं और संसाधनों को उपलब्ध कर सकता है। क्या एक वैज्ञानिक अथवा इंजीनियर बनने के लिए आप में आवश्यक मेधा है? अपने आपको जाँचने के लिए यद्यपि इसका कोई मानदंड नहीं है, क्योंकि किसी विशेष प्रकार की बौद्धिक क्षमता विज्ञान और अभियांत्रिकी के सभी क्षेत्रों में समान रूप से व्यवहार्य नहीं होती। आप अपनी रुचि की गहनता पर भरोसा करने के अलावा कुछ और अधिक नहीं कर सकते। यदि गणित और विज्ञान में आपकी अभिरुचि गहरी है और आप उससे वास्तविक आनंद प्राप्त करते हैं तो संभवतः इन विषयों में और अधिक गहराई में जाकर उन्हें समझना, इस्तेमाल करना और जाँच-पड़ताल करना पसंद करेंगे।

अभियांत्रिकी के क्षेत्र में कैरियर

इंजीनियरिंग एक बहुत ही रोमांचक जीवन-यापन प्रणाली है, क्योंकि इंजीनियर उपकरणों एवं औजारों की रूपरेखा, यातायात प्रणालियों, भवनों एवं दूरसंचार के संसाधनों का विकास करने में लोगों की सहायता करते हैं। बायोइंजीनियरिंग एक अत्यधिक विकासशील क्षेत्र है, जिसमें चिकित्सीय सूक्ष्म परीक्षण (स्कैनिंग) प्रौद्योगिकी के क्षेत्र में अभी हाल में हुई प्रगति के साथ-साथ कृत्रिम अंगों, निरोपणों एवं अन्य अनेक यंत्रों का विकास हुआ है। यातायात में भी तेजी से बदलाव आ रहा है और बिजली के अथवा अन्य मिश्रित गाड़ियों एवं तेज रफ्तार प्रणालियों, जैसे कंप्यूटर **और** दूरसंचार उपकरणों, का द्रुत गति से विकास हो रहा है और हमारी इन क्षमताओं में वृद्धि हो रही है। इंजीनियरिंग के व्यावसायिक क्षेत्र में अनेक प्रकार के कार्यों के लिए यात्रा के अत्यधिक अवसर उपलब्ध हैं और प्रबंधकीय पदों पर प्रोन्नति के पर्याप्त अवसर भी हैं। निर्माण-प्रक्रिया के आधुनिक भूमंडलीय

स्वरूप के कारण भी यात्रा के अवसर काफी बढ़े हैं।

समस्याओं के निदान एवं बड़े संस्थानों के लिए कर्मचारियों की व्यवस्था में एक इंजीनियर की शिक्षा महत्त्वपूर्ण होती है। उच्च तकनीकवाली कंपनियों के व्यवस्थापकों की टीम में तकनीकी अथवा अभियांत्रिकी शिक्षा की पृष्ठभूमिवाले व्यक्तियों के संलग्न होने की ही संभावना अधिक रहती है। इंजीनियरों को महत्त्वपूर्ण जिम्मेदारियों का वहन करना पड़ता है, इसलिए उन्हें सुयोग्य होना चाहिए; क्योंकि भवनों, पुलों, हवाई जहाजों या गाड़ियों की रूपरेखा अनेक लोगों की सुरक्षा को प्रभावित कर सकती है। चिकित्सकों की लापरवाही के कारण एक समय में एक ही व्यक्ति प्रभावित हो सकता है, किंतु इंजीनियरों की अक्षमता के कारण अनेक लोगों का जीवन तुरंत खतरे में पड़ सकता है।

प्रौद्योगिकी अथवा अभियांत्रिकी को अनेक तरीकों से परिभाषित किया जा सकता है। प्रौद्योगिकी की सर्वोत्तम परिभाषा है—यांत्रिकी के सिद्धांतों का सामान्य समस्याओं के निदान के लिए उपयोग। शिल्प-विज्ञान अथवा प्रौद्योगिकी के स्नातक को यांत्रिकी के सिद्धांतों एवं उद्योग जगत् में अनुभव किए जा रहे वास्तविक संसार की समस्याओं के निदान में उनका उपयोग करने के लिए प्रशिक्षित किया जाता है। प्रौद्योगिकी एवं अभियांत्रिकी में अंतर उनकी विभिन्न शाखाओं के अनुरूप होता है। अपने बुनियादी रूप में प्रौद्योगिकी अभियांत्रिकी की अपेक्षा वैज्ञानिक एवं गणित-शास्त्रीय दृष्टि से कम जटिल होती है।

समस्याओं के समाधान के लिए अभियांत्रिकी की अपेक्षा प्रौद्योगिकी के अनेक उपयोगों में गणित एवं वैज्ञानिक शिल्पों के अधिक बुनियादी रूप को ही आधार बनाया जाता है। प्रौद्योगिकी के स्नातकों को अभियांत्रिकी के स्नातकों की अपेक्षा समस्याओं के समाधान के लिए गणित और विज्ञान के सिद्धांतों के व्यावहारिक उपयोग का अधिक व्यापक प्रशिक्षण भी दिया जाता है।

अपने कैरियर के लिए एक योजना बनाएँ

भविष्य के बारे में प्रत्येक व्यक्ति को अपने विचारों को सुव्यवस्थित कर लेना चाहिए। अपने बारे में सोचिए। मैं वास्तव में क्या करने जा रहा हूँ? क्या मैं सचमुच वहाँ पहुँच सकता हूँ? यदि मैं वहाँ पहुँचने में सफल नहीं होता तो मेरे पास अन्य कौन से विकल्प हैं? क्या मेरे विषय उपयुक्त हैं?

प्रत्येक मनुष्य एक अलग व्यक्ति है। प्रत्येक व्यक्ति की शारीरिक प्रवृत्तियाँ एक-दूसरे से भिन्न होने के कारण एक मौलिक एकाकीपन उत्पन्न करती हैं, जिसे

गहराई से अनुभव करके एक किशोर यह महसूस करता है कि वह अपने आप में एक अलग व्यक्ति है।

जीवन-यापन प्रणाली के चयन की योजना-प्रक्रिया माध्यमिक से लेकर उच्चतर माध्यमिक शिक्षा के वर्षों तक फैली हुई है। छात्र के सभी गुणों को ध्यान में रखकर एक विशेष पाठ्यक्रम और आजीविका में प्रवेश की तैयारी प्रेरक और प्रभावी हो सकती है। सीखने के प्रति एक संतुलित दृष्टिकोण रखें।

जब आप एक पेशे का चुनाव कर रहे होते हैं, तब आपको इस पर ध्यान देना होगा कि आप अपनी कार्य-शक्ति, पैसा, पद, अनुशासन, अधिकार, चुनौती आदि से क्या अपेक्षाएँ रखते हैं। किसी भी व्यवसाय में विकास के लिए आपकी रुचि अत्यंत महत्त्वपूर्ण भूमिका निभाती है। आजीविका का चुनाव करते समय यह बहुत जरूरी है कि आप अपने आपको अच्छी तरह जानें। आपको जानना चाहिए कि आप अपने व्यवसाय से क्या चाहते हैं और आपकी व्यावसायिक दुनिया आपको क्या दे सकती है। ***परामर्शदाता से सलाह लें!***

☑ कैरियर निर्णय के सिद्धांत

- विभिन्न कार्यों की एक सूची तैयार करें। इन विकल्पों पर विचार करें। देखें कि क्या आपके पास वर्तमान में उपलब्ध इन वास्तविक विकल्पों के लिए आवश्यक सहयोग सुलभ है।
- अपनी रुचि के क्षेत्र में कार्यरत लोगों से बातचीत करके कैरियर प्रदर्शनी और भाषणों तथा अध्ययन के माध्यम से पर्याप्त जानकारी जुटाएँ।
- कार्य का वास्तविक विवरण प्राप्त करने की कोशिश करें। आपको अपने अंतरतम तथा भविष्य में उपलब्ध होनेवाले अवसरों के प्रति सजग और संवेदनशील होने की आवश्यकता है।

उपयुक्त कैरियर का चयन सदैव आसान नहीं होता। आपके मन में अनेक कैरियर हो सकते हैं, परंतु आप सुनिश्चित रूप से यह नहीं जानते कि कौन सा पेशा आपके लिए उपयुक्त है ? आप अपने आपसे पूछ रहे हो सकते हैं कि मैं किस पेशे के लिए वास्तव में उपयुक्त हूँ ? मुझे किस क्षेत्र में प्रवीणता हासिल करनी चाहिए ?

यथार्थ एवं उपयुक्त कैरियर का चयन करें। यदि आपको यह निर्णय करने में कठिनाई हो रही है कि आप क्या करना चाहते हैं और कहाँ पहुँचना चाहते हैं, चाहे वह किसी पाठ्यक्रम के चयन अथवा अपनी वर्तमान निपुणता या उपयुक्त नौकरी के संबंध में हो, तो आपको अपनी क्षमताओं का उचित विश्लेषण करना

चाहिए। अपनी रुचि के पेशे के लिए उपयुक्त प्रशिक्षणों और पाठ्यक्रमों के बारे में पर्याप्त जानकारी प्राप्त करें। अपने चुने हुए क्षेत्र में काम प्राप्त करने के लिए एक रणनीति निर्धारित करें।

भविष्य का निर्माण करें

हम सभी लोगों को अपने भविष्य के बारे में चिंतित होना चाहिए, क्योंकि हमें अपना बाकी जीवन उसी के अनुरूप जीना है। हम अपना जीवन जैसे-तैसे जी सकते हैं अथवा उत्तम भविष्य सुनिश्चित करने के लिए उचित सुरक्षा-कवच तैयार कर सकते हैं। जीवन का वह अज्ञात भाग ही भविष्य है, जो उन विचारों की प्रतीक्षा करता रहता है, जिन्हें हमने अब तक अनुभव नहीं किया है।

एक वृद्ध-सा बढ़ई अपने कार्य से अवकाश प्राप्त करने के लिए तैयार था। उसने अपनी योजना अपने मालिक ठेकेदार को बतलाई कि वह भवन-निर्माण व्यवसाय को छोड़कर अपनी पत्नी एवं अन्य परिवारजनों के साथ अधिक अवकाशपूर्ण जीवन व्यतीत करने जा रहा है। वह अपना वेतन अवश्य खो देगा, किंतु उसे अवकाश प्राप्त करने की आवश्यकता है। वह किसी तरह अपना काम चला लेगा।

ठेकेदार अपने एक अच्छे कारीगर को जाते देखकर दुखी था; किंतु उसने पूछा कि क्या वह मुझ पर कृपा कर केवल एक और घर बना सकता है? बढ़ई ने कहा, 'हाँ'। किंतु इस दौरान यह आसानी से देखा जा सकता था कि काम में उसका मन नहीं लग रहा था। उसकी कारीगरी रद्दी थी और उसने घटिया सामान का इस्तेमाल किया था। अपना पेशा समाप्त करने का यह एक दुर्भाग्यपूर्ण तरीका था।

जब बढ़ई ने अपना काम समाप्त कर लिया और ठेकेदार घर का निरीक्षण करने आया तो उसने बाहरी दरवाजे की चाबी बढ़ई को दे दी और कहा, "अब यह घर तुम्हारा है। यह तुम्हें मेरा उपहार है।" अजीब सा सदमा लगा। अजीब सी

शर्मिंदगी महसूस हुई। यदि उसे पता होता कि वह अपने ही घर का निर्माण कर रहा था तो उसने उसे बिलकुल अलग तरीके से ही बनाया होता। अब उसे एक ऐसे घर में रहना पड़ेगा, जिसे उसने ठीक तरीके से नहीं बनाया है।

ऐसा ही हम लोगों के साथ भी है। हम अपने जीवन का निर्माण मन लगाकर नहीं करते। हम क्रिया की जगह प्रतिक्रिया करते हैं। हमारा प्रयास अधिकतम से कम होता है। निर्णायक अवसरों पर हम अपने काम में अपनी अधिकतम शक्ति नहीं लगाते। फिर एक सदमे के साथ हम उस स्थिति को देखते हैं, जिसे हमने स्वयं उत्पन्न किया है और पाते हैं कि हम उस घर में रह रहे हैं, जिसे हमने स्वयं बेमन से बनाया है। यदि हमने समझा होता तो इसे भिन्न तरीके से पूरे मनोयोग से किया होता।

अपने आपको एक बढ़ई समझिए। अपने घर के बारे में सोचिए। प्रतिदिन जब आप एक कील गाड़ते हैं, एक बोर्ड लगाते हैं अथवा एक दीवार खड़ी करते हैं तो बुद्धिमानी से निर्माण कीजिए। आप अपने जीवन का निर्माण केवल एक बार ही करेंगे। यदि आपका जीवन केवल एक दिन का भी है तो भी उस दिन आपको आकर्षक तरीके से गरिमा के साथ जीना चाहिए। दीवार पर लगी तख्ती पर अंक्रित है—'जीवन एक 'स्वयं करके सीखिए' परियोजना है।' कल आपका जीवन आपके आज के दृष्टिकोणों एवं चुनावों का परिणाम होगा।

प्रेरणा तरंग : गरम दिमाग और ठंडे हृदय से किसी भी समस्या का समाधान नहीं हुआ है।

मन में रखिए : सदैव याद रखिए कि किसी भी अन्य व्यक्ति की तरह आप एक अद्वितीय व्यक्ति हैं।

विचार क्षेत्र : मैं जो भी करता हूँ, उसके बारे में पहले सीखता हूँ। किसी तरह काम चलाने के पक्ष में मैं नहीं हूँ। मैं काम करने और सीखने में विश्वास करता हूँ। □

6

समय प्रबंधन

सफलता और विफलता इस बात पर निर्भर करती है कि आप अपना समय किस प्रकार बिताते हैं। संभवत: दो व्यक्ति किसी एक ही अभियान में सफल हो सकते हैं; किंतु उन दोनों में से वह व्यक्ति अधिक सफल होगा, जो अपना समय बुद्धिमानी से इस्तेमाल करता है। अंतर इस बात पर निर्भर करता है कि आप उन चौबीस घंटों को किस प्रकार इस्तेमाल करते हैं। यदि एक व्यक्ति किसी दूसरे व्यक्ति की अपेक्षा एक ही दिन में उससे तीन गुना अधिक अध्ययन या कार्य करता है तो वह व्यक्ति उस दूसरे व्यक्ति से तीन दिन आगे है।

जीवन बहुमूल्य है, इसे बरबाद नहीं किया जाना चाहिए। एक क्षण भी अपने हाथ से खिसकने न दें, क्योंकि चीजों का निर्माण क्षणों के संग्रह से होता है। सफल और उत्पादक अध्ययन संबंधी आदतों के निर्माण के लिए समय प्रबंधन अत्यंत महत्त्वपूर्ण है। वास्तव में अच्छा समय प्रबंधन न सिर्फ आपके अध्ययन के समय को सुव्यवस्थित करने में एक निर्णायक तत्त्व है, बल्कि यह आपके संपूर्ण जीवन को सुव्यवस्थित करने में भी अत्यंत महत्त्वपूर्ण है। विचार-परामर्श के लिए समय लें, किंतु जब सक्रिय होने का वक्त हो तो देर न करें।

फ्रांसीसी दार्शनिक वॉल्टेयर ने अपने अनुयायियों से पूछा था—''सभी चीजों में वह कौन सी चीज है, जो सबसे लंबी और सबसे छोटी है, सबसे धीमी और सबसे तेज है, जिससे सबकुछ संभव है और जिसके बिना कुछ भी संभव नहीं?''

समय!

- अपने समय के प्रत्येक क्षण को बहुमूल्य संपदा में बदलिए।
- अपने मस्तिष्क और अपनी प्रतिभा को पूरी तरह इस्तेमाल कीजिए।
- अधिक व्यवस्थित और प्रभावी बनिए।
- अपनी योग्यता और आत्मविश्वास बढ़ाइए।
- अधिक परिपूर्ण और संतुष्ट रहिए।
- अधिक ऊर्जावान् और प्रेरित रहिए।

घड़ी निरंतर चल रही है। कोई इसे बंद नहीं कर सकता। उन बहुमूल्य सेकंडों, घंटों, दिनों और वर्षों में आप क्या करेंगे, जो आपको प्राप्त हुए हैं?

आपके लिए मेरे पास एक अच्छी खबर है। आपके नाम एक खाता है, समय का खाता! जीवन में प्रत्येक दिन आपके समय-खाते में बेहद उपयोगी एवं अनमोल 1,440 मिनट जमा कर दिए जाते हैं। अपने समय खाते को सुनियंत्रित करने के तीन नियम इस प्रकार हैं—

1. आप एकमात्र वह व्यक्ति हैं, जो अपने समय-खाते से निकासी कर सकते हैं।
2. आप अपने बचे हुए समय को भावी उपयोग के लिए सुरक्षित नहीं रख सकते। दिन के अंत में आपके खाते में जो अप्रयुक्त समय बचा रहता है, वह हमेशा के लिए हाथ से निकल जाता है। समय बरबाद करना सफलता की हत्या करना है।
3. जमा समय से अधिक आप प्राप्त नहीं कर सकते।

आप चाहे युवा हों या वृद्ध, निपुण हों या अकुशल, ज्ञानी हों अथवा अज्ञानी—सभी के लिए 1,440 मिनट प्रतिदिन ही उपलब्ध हैं।

अपना समय कैसे बिताएँ

कुल समय

- एक सप्ताह : 168 घंटे।
- 28 दिन का माह : 672 घंटे।

- 29 दिन का माह : 696 घंटे।
- 30 दिन का माह : 720 घंटे।
- 31 दिन का माह : 744 घंटे।

निम्नलिखित चार क्षेत्रों में उपयोग किए जानेवाले समय का विवरण और कुछ उपलब्ध समय के संदर्भ में उसका प्रतिशत—

अ. पारिवारिक और घरेलू कार्यकलाप

- भाई, बहन और रिश्तेदारों के साथ क्रियाकलाप।
- नियमित घरेलू कामकाज।
- संयुक्त रूप से की जानेवाली क्रियाएँ।
- पारिवारिक छुट्टियाँ।
- विविध।

समय प्रति सप्ताह—
कुल समय का प्रतिशत—

समय प्रति माह—
कुल समय का प्रतिशत—

ब. स्कूल और कैरियर

- स्कूल के घंटे।
- स्कूल से संबंधित घर पर किए जानेवाले कार्य।
- स्कूल जाने-आने में लगनेवाला समय।
- विविध।

समय प्रति सप्ताह—
कुल समय का प्रतिशत—

समय प्रति माह—
कुल समय का प्रतिशत—

स. सामाजिक जीवन और परिवेशी योगदान

- सामाजिक क्रियाएँ।
- धार्मिक क्रियाएँ।
- विविध।

समय प्रति सप्ताह—
कुल समय का प्रतिशत—

समय प्रति माह—
कुल समय का प्रतिशत—

द. स्वास्थ्य और मनोरंजन

- आराम और निद्रा।
- शारीरिक व्यायाम।
- मनोरंजन और हॉबी।
- खेलना या मित्रों के साथ टहलना।
- विविध।

समय प्रति सप्ताह—
कुल समय का प्रतिशत—

समय प्रति माह—
कुल समय का प्रतिशत—

यह निर्धारित करें कि सबसे महत्त्वपूर्ण क्या है। अब आप अपनी शैक्षिक प्राथमिकताओं को सुनिश्चित करें।

1. ....
2. ....
3. ....
4. ....

अपने समय की योजना बनाते समय यह सुनिश्चित कर लें कि आपने अपने फॉर्मूले में निम्नलिखित रणनीति को शामिल कर लिया है। आपको चाहिए कि आप—

- खूब खेलें!
- खूब अध्ययन करें!
- खूब काम करें!

कार्य-सूची की उपयोगिता

अध्ययन की प्रक्रिया के बारे में सोचने के पहले आपको एक कार्य-सूची अवश्य बना लेनी चाहिए। सही कार्य करने के लिए कोई समय गलत नहीं होता। स्थान और समय के प्रति संवेदनशील बनें और सही बीज को सही समय पर सही स्थान पर बोएँ। सौभाग्य या दुर्भाग्य की सभी स्थितियों में समय, स्थान और परिस्थितियाँ व्यक्ति के नियंत्रण से बाहर होती हैं।

मैं समझता हूँ कि हर उस व्यक्ति को जो सफल है, सही समय पर सही स्थान पर रहना पड़ता है। अपनी कार्य-सूची में संशोधन करने से डरें नहीं। यदि आपकी सूची के अनुसार कार्य नहीं हो पा रहा है तो उसमें संशोधन करें।

समय की बजट शीट

'समय की पीठ पर एक बटुआ होता है, जिसमें वह विस्मरण के लिए भिक्षा संग्रह करता है।'

—शेक्सपियर

समय की बजट शीट भरें, जिससे आपको यह जानने में मदद मिलती है कि आपका समय कहाँ खर्च हो रहा है।

समय की बजट वर्क शीट

क्रियाकलाप	सोम	मंगल	बुध	गुरु	शुक्र	शनि	रवि
कक्षा के घंटे							
अध्ययन के घंटे							
निद्रा आदि							

वचनबद्ध कार्यों में							
व्यायाम/व्यक्तिगत							
परिवार/							
भोजन का समय							
इ-मेल/इंटरनेट							
टेलीविजन/अन्य							

☑ समय प्रबंधन के प्रमुख तरीके

- कठिन/नीरस विषयों का अध्ययन पहले करें।
- दिन, सप्ताह और निश्चित अवधि की योजना बनाएँ।
- हाथ में लिये प्रत्येक कार्य को दूसरा काम प्रारंभ करने के पहले पूरा कर लें।
- 'नहीं' कहना सीखें। मित्रों से दृढ़तापूर्वक अपनी बात कहें।
- व्यवधानों से बचें, विशेषज्ञों की मदद लें।
- मध्यावकाश के साथ अध्ययन करें। अपनी गति निर्धारित करें और पहले से ही कार्य-योजना तैयार रखें।
- जो कार्य आपके लिए अधिक महत्त्वपूर्ण हैं, उन पर जोर देते हुए अपने लक्ष्यों को निर्धारित करें।

☑ कार्य-योजना

लक्ष्य :

....

....

अपेक्षित परिणाम :

....

....

कार्य पूरा करने की नियत तिथि :

....

....

कार्यकलाप	नियत तिथि	जिम्मेदार व्यक्तियों के नाम	आवश्यक संसाधनों का विवरण
1.			
2.			
3.			

आप जो सफलता प्राप्त कर पा रहे हैं, यदि आप उससे संतुष्ट हैं तो अपने लक्ष्य पर कार्य करते रहिए। यदि आप ऐसा समझते हैं कि इससे आपके स्वप्न पूरे नहीं होंगे तो कार्य-प्रक्रिया को नए सिरे से पुनः प्रारंभ करने में न हिचकिचाएँ। फिर भी, यह जानें कि आपके लक्ष्यों को विभिन्न चरणों में विभक्त किया गया है। एक बार में एक कदम ही बढ़ाने की आवश्यकता है और अकसर अंतिम परिणाम तब तक स्पष्ट नहीं होता जब तक कि दृढ़ निश्चय करके आप कार्य में पूरी तरह समर्पित नहीं हो जाते और हर कदम पर आप अपना सर्वोत्कृष्ट प्रयास जारी नहीं रखते।

15 मिनट मनन करें

प्रतिदिन एक निश्चित समय निर्धारित करें और उस अवधि में कोई और काम न करके शांति से बैठकर चिंतन-मनन करें और अपनी योजना बनाएँ। प्रतिदिन और अधिक उपलब्धि हासिल करने के लिए इस 'शांत अवधि' का इस्तेमाल करें। दरवाजा बंद कर लें, 'शांत अवधि' का बोर्ड लगा लें और अपने मोबाइल बंद कर लें एवं फोन को वायस मेल पर लगा लें। एकांत पाने के लिए आप जो कुछ कर सकते हैं, वह सब करें और दिन का अपना लक्ष्य प्राप्त करें। यह जरूरी नहीं है कि आप एक ही बार में लगातार आधे घंटे का 'शांत समय' रखें। 15-15 मिनट की दो अवधियों का भी आप उपयोग कर सकते हैं। भविष्य की योजना बनाकर आप अपने वांछित परिणामों को यथासंभव अत्यंत प्रभावशाली तरीके से प्राप्त कर सकते हैं।

प्रेरणा तरंग : इसके साथ सबकुछ संभव है, इसके बिना कुछ भी नहीं।

मन में रखिए : प्रत्येक मिनट का ध्यान रखिए, घंटों का ध्यान स्वत: हो जाएगा।

विचार क्षेत्र : व्यवस्था वह है, जो आप कोई भी काम करने से पहले करते हैं, ताकि जब आप कार्य कर रहे हों तो सबकुछ उलझ न जाए।

□

7

विजय तरंग

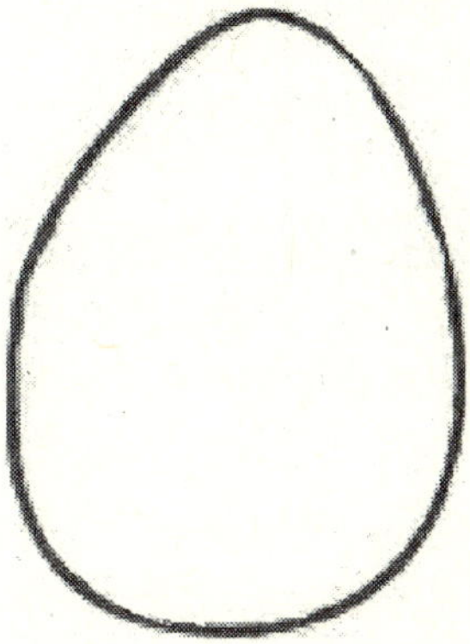

साधारण से असाधारण तक

सर्वशक्तिमान ईश्वर हमारा भाग्य निर्धारित नहीं करता। हम अपने कार्यों से ही अपना भाग्य निर्धारित करते हैं। हम सबकुछ मात्र अपने प्रयासों से ही प्राप्त करते हैं। यह चुपचाप बैठकर सबकुछ स्वीकार कर लेने की बात नहीं है। आपको अपने ऊपर नियंत्रण प्राप्त करना होगा। बाढ़, भूकंप, प्रचंड तूफान और अनेक प्रकार की आपदाएँ संसार पर आघात करती रहती हैं; किंतु फिर भी वह क्या है, जो मानव-जाति को विनाश से बचाता रहता है। यह हम लोगों के अंदर एक शक्तिशाली ऊर्जा है—ऊर्जा का अनंत स्रोत, जिसे प्रेरणा करते हैं। यह भगवान् बुद्ध की प्रेरणा ही थी, जिसने उन्हें निर्वाण की खोज के लिए अपना राजसी जीवन छोड़ने को मजबूर किया और तब उन्होंने संसार को एक नया धर्म प्रदान किया। व्यक्तिगत स्तर पर यह प्रयत्न-साध्य सकारात्मक प्रेरणा ही है, जो हमें साधारण से उठाकर असाधारण तक ले जाती है। यदि किसी परीक्षा में सफलता की केवल 1प्रतिशत संभावना ही हो तो एक सच्चा छात्र उस 1प्रतिशत को अग्नि प्रज्वलित

करनेवाली चिनगारी के रूप में देखता है। रचनात्मक विचारों के लिए चिनगारी कठिन परिश्रम और सकारात्मक सोच से उत्पन्न होती है। 'जब दूसरे असंभावनाओं की गणना प्रारंभ करते हैं, तब आप संभावनाओं की गिनती शुरू करते हैं।' अलग तरीके से गणना कीजिए—संभावनाओं की पुष्टि कीजिए और फिर तेजी से वह सब कार्य कीजिए, जो उन संभावनाओं को वास्तविकता में बदल सकते हैं।

यह एक सामान्य धारणा है कि संयुक्त प्रवेश परीक्षा एक कठिन परीक्षा है और इसमें पूछे जानेवाले प्रश्न जटिल एवं दुरूह होते हैं, किंतु यह सही नहीं है। यह मात्र एक अलग तरह की परीक्षा है। अधिकतम सफलता प्राप्त करने और विफलता से बचने के लिए आपको जो चाहिए, वह है परीक्षा संबंधी समुचित मानसिक प्रवृत्ति और अन्य परीक्षाओं की तुलना में विषयों के प्रति एक भिन्न दृष्टिकोण।

☑ मूल्य, विश्वास और आकांक्षाएँ

यह समझने के लिए कि आपको क्या प्रेरित करता है, यह जानना होगा कि आपके लिए महत्त्वपूर्ण क्या है। यदि आपने इस प्रश्न के बारे में पहले कभी नहीं सोचा है तो अब सोचें। आपकी प्रेरक-शक्ति की गुणवत्ता एवं गहराई की समीक्षा महत्त्वपूर्ण है, क्योंकि यह आपकी वचनबद्धता से सीधे जुड़ा हुआ है। अकसर छात्र यह पाते हैं कि वे एक उत्कृष्ट शैक्षिक परिणाम चाहते हैं; परंतु वे इस इच्छा को वास्तविकता में परिवर्तित नहीं कर पाते। कभी-कभी यह विफलता उस स्थिति में उत्पन्न होती है, जब वे जिस वर्तमान उद्देश्य के लिए प्रयत्न कर रहे होते हैं और वास्तव में उन्हें जिस लक्ष्य के लिए प्रयास करना चाहिए, इन दोनों में विरोध होता है। मूल्यों, विश्वासों और आकांक्षाओं में अंतर्विरोध तो ठीक है, पर यह पहचानना जरूरी है कि ये अंतर्विरोध कब उपजते हैं और कब उपयुक्त रूप से कार्य करते हैं। छात्रों को पुन : विचार करने की आवश्यकता है, ताकि वे यह जान सकें कि उन्हें स्कूल और अपने सपनों के संबंधों को तर्क-युक्त बनाने अथवा अपनी परिस्थितियों में बदलाव लाने की आवश्यकता है; किंतु इस प्रकार के स्पष्टीकरण के बिना उनकी प्रेरक-शक्ति कमजोर बनी रहेगी और उनका कार्य-संपादन अपेक्षा के अनुरूप न होकर कम होगा।

☑ व्यक्तिगत परिस्थिति

अपने विश्वासों, मूल्यों और आकांक्षाओं के अनुरूप अपने लक्ष्यों को निर्धारित

कर लेने के बाद आपको उन पर सफलतापूर्वक कार्य करने की स्थिति में होना चाहिए; किंतु यदि आप अपनी परिस्थितियों पर पर्याप्त ध्यान देने में विफल रहें या आपकी परिस्थितियाँ बदलीं, परंतु लक्ष्य नहीं बदले तो आपकी प्रेरणा-शक्ति कमजोर पड़ सकती है। आपनी शैक्षिक यात्रा प्रारंभ करते समय लक्ष्य आपके मूल्यों के अनुरूप और यथार्थ रूप से निर्धारित भी हो सकता है; किंतु समय के साथ उसमें संशोधन और पुन:समायोजन की आवश्यकता भी पड़ सकती है। दुर्भाग्य से जब परिस्थितियाँ बदलती हैं तो छात्र अपनी अपेक्षाओं में संबंधित समायोजन नहीं करना चाहते। ऐसे मामलों में उनका प्रदर्शन आशा के अनुरूप नहीं होता और वे हताश हो जाते हैं तथा उनकी प्रेरणा-शक्ति चुक जाती है; परंतु यदि व्यक्तिगत परिस्थितियों को ध्यान में रखा जाए तो प्रेरणा-शक्ति और कार्य-संपादन दोनों को ही बनाए रखा जा सकता है। वे छात्र, जो अपनी परिवर्तित परिस्थितियों को ध्यान में रखकर अपने लक्ष्य का पुनर्निर्धारण करने के इच्छुक होते हैं, उनकी प्रेरणा-शक्ति कायम रहती है और वे सफलता के पथ पर बने रह सकते हैं।

☑ सफलता के मूल तत्त्व

प्रत्येक लक्ष्य को प्राप्त करते हुए आप स्वयं अपना मानस-दर्शन कीजिए। यह करते समय इसे देखिए, सुनिए, सूँघिए, स्पर्श कीजिए और इसके स्वाद का अनुभव कीजिए। क्या आपने कभी स्वयं से कहा है कि "मुझे और अधिक अध्ययन करना चाहिए।" अथवा "काश, मेरे पास काम करने के लिए और अधिक समय होता!" इन चीजों को वास्तव में कैसे प्राप्त किया जा सकता है? अपने लक्ष्यों को प्राप्त करने में सफलता की अपेक्षा विफलता ही हमें क्यों अधिक हाथ लगती है? इसका एक बड़ा कारण प्रभावकारी योजना की कमी है। किसी लक्ष्य को प्राप्त करने के लिए आपको सावधानी से विवेचना करके अपना लक्ष्य निर्धारित करना होगा और फिर अपने समय का प्रभावकारी उपयोग करके लक्ष्य-प्राप्ति की ओर अग्रसर होना होगा। इस उद्देश्य को प्राप्त करने के लिए निम्नलिखित चार चरणों वाली प्रक्रिया आपकी सहायता कर सकती है—

1. एक अंतर्दृष्टि (विजन) की रचना कीजिए

आप क्या प्राप्त करना चाहते हैं? अपने गंतव्य स्थान का चुनाव कीजिए। यह जानने से पहले कि एक दिन में कितना कार्य पूरा कर लेना है, आपको अपनी अंतर्दृष्टि की स्पष्ट और संपूर्ण जानकारी होनी चाहिए। आपको यह परिभाषित कर

लेना चाहिए कि आप यहाँ क्यों हैं ? आप स्कूल में क्यों हैं ? आप अपने जीवन में क्या प्राप्त करना चाहते हैं ? आपके लिए वास्तव में महत्त्वपूर्ण क्या है ? अपनी व्यक्तिगत अंतर्दृष्टि का निर्माण करते हुए आपको महत्त्वाकांक्षी होने के साथ-साथ निश्चित होना चाहिए।

2. ठोस लक्ष्यों का निर्धारण कीजिए

अब आप अपनी विशिष्ट समय-सीमा के अंदर पूर्ण किए जाने योग्य लक्ष्यों का निर्धारण करके अपने कार्यों से प्राप्त किए जानेवाले परिणामों का स्पष्ट चित्रण कर सकते हैं। एक बार जब आपने यह समझ लिया कि आपके लिए महत्त्वपूर्ण क्या है, तब आपको अपने ठोस लक्ष्यों को निर्धारित कर लेना चाहिए। लक्ष्य आपकी व्यक्तिगत अंतर्दृष्टि के अनुरूप उन्हें पूरा किए जाने योग्य छोटे-छोटे कार्यों में परिवर्तित करने में सहायक है। लक्ष्य-निर्धारण में सबसे पहला निर्णायक कदम यह है कि आपको सुनिश्चित कर लेना चाहिए कि आपने पूर्ण करने योग्य लक्ष्य ही निर्धारित किया है।

3. प्रतिदिन की एक योजना बनाएँ

एक व्यक्तिगत अंतर्दृष्टि और ठोस लक्ष्यों के साथ अब आप दिन-प्रतिदिन के कार्यों को करने के लिए तैयार हैं। अब वास्तव में करना यह है कि उपलब्ध समय में आप स्वयं को प्रबंधित करना सीख लें।

कम-से-कम 15 मिनट प्रतिदिन, रात में अथवा प्रात:काल, यह जाँचने में बिताएँ कि आपको किन कार्यों को पूरा करना है।

दैनिक कार्य-सूची का प्रतिदिन पुनर्निरीक्षण करें। यह सुनिश्चित कर लें कि सूची में दिए गए कार्य आपके लक्ष्य को पूरा करने के लिए महत्त्वपूर्ण हैं। इस बात पर ध्यान दीजिए कि कार्य-सूची में ऐसे कार्यों को नहीं रखा गया, जिनसे आपको अपने लक्ष्यों को नजरअंदाज करके दूसरों को आपसे आगे निकलने में मदद मिलती है।

4. रुकें, चुनौती दें और चुनें

किसी काम के मुश्किल होने का मतलब यह नहीं है कि उसे पूरा करने की कोशिश ही न की जाए। इसका अर्थ सिर्फ यह है कि और अधिक परिश्रम के साथ प्रयास किया जाए। किसी योजना पर टिके रहने की आधारभूत युक्तियाँ हैं रुकें—

चुनौती दें और चुनें। जब आप अपनी प्रगति के प्रति निराशा महसूस कर रहे हों अथवा यह अनुभव कर रहे हों कि आप पिछड़ रहे हैं तो रुककर आपको स्वयं से प्रश्न करना चाहिए, क्या यह चयन, यह अनुभूति मुझे सहायता कर रही है अथवा मेरी कार्य-योजना को पूरा करने या लक्ष्य तक पहुँचने के मेरे प्रयासों में बाधा पहुँचा रही है ? अपने अविवेकपूर्ण चिंतन को चुनौती दें। अपने प्रयासों में अडिग रहें।

किसी भी लक्ष्य की ओर अग्रसर होने के लिए अध्यवसाय निस्संदेह एक महत्त्वपूर्ण गुण है। रुकना, चुनौती देना और चुनना अध्यवसाय के संसाधन हैं।

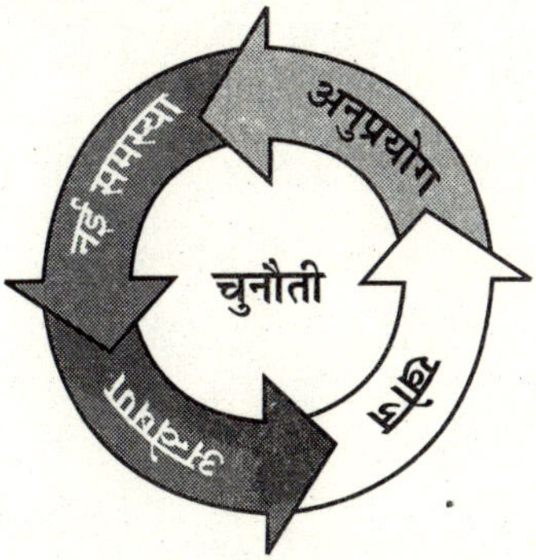

इस पुस्तक को नीचे रखिए। अपने पिछड़े हुए कार्यों में सबसे कठिन कार्य को शुरू कीजिए। इस पृष्ठ को तब तक मत पलटिए जब तक कि आप अपनी प्रगति के प्रति संतुष्ट महसूस न करने लगें।

☑ बालू और पत्थर

*दो मित्र एक रेगिस्तान में यात्रा कर रहे थे। यात्रा के किसी पड़ाव पर उनमें विवाद हो गया और एक मित्र ने दूसरे के गाल पर थप्पड़ जड़ दिया। जिसे थप्पड़ लगा, वह दुखी हुआ, किंतु बिना कुछ कहे उसने बालू पर लिखा— **'आज सर्वश्रेष्ठ मित्र ने मेरे गाल पर थप्पड़ मारा।'***

वे वहाँ तक आगे बढ़ते गए, जहाँ उन्हें एक नखलिस्तान मिला। वहाँ उन्होंने नहाने का निर्णय किया। जिस व्यक्ति को थप्पड़ मारा गया था, वह नहाते समय दलदल में फँस गया और धँसने लगा; किंतु उसके मित्र ने उसे बचा लिया। सदमे से उबरने के बाद उसने पत्थर पर लिखा— ***'आज मेरे सर्वश्रेष्ठ मित्र ने मेरी जान बचाई है।'***

जिस मित्र ने थप्पड़ मारा और जान बचाई थी, उसने पूछा, ''जब मैंने तुम्हें चोट पहुँचाई तो तुमने बालू पर लिखा और अब तुमने पत्थर पर लिखा, क्यों?''

दूसरे मित्र ने उत्तर दिया, ''जब कोई हमें चोट पहुँचाता है, तो हमें बालू पर लिखना चाहिए, ताकि क्षमा की हवाएँ उन्हें मिटा दें; लेकिन जब कोई हमारे लिए कुछ अच्छा करता है तब हमें पत्थर पर अंकित कर देना चाहिए, ताकि कोई भी हवा उसे मिटा न सके।''

अपने दुःखों को बालू पर लिखना और सुखों को पत्थर पर अंकित करना सीखिए।

प्रेरणा तरंग : ज्ञान प्राप्त करने के लिए प्रतिदिन कुछ-न-कुछ सीखिए। विवेक प्राप्त करने के लिए प्रतिदिन कुछ-न-कुछ छोड़िए।

मन में रखिए : हाथ में लिये हुए कार्य पर अपने मन को पूरी तरह से एकाग्र कीजिए। सूरज की किरणें तब तक नहीं जलतीं जब तक उन्हें एक बिंदु पर केंद्रित नहीं किया जाता।

चिंतन क्षेत्र : भविष्य की सफलता का सबसे बड़ा दुश्मन पिछली सफलता है।

□

8

प्रमुख प्रयास

प्रकृति की शक्ति में जो अनंत है
मैं उसके साथ चलता हूँ,
मैं आत्मा की अग्नि का धारक हूँ,
मैं जीवन और आरोग्य का स्वामी हूँ।

—ऋग्वेद

अपनी सीमाएँ जानिए

मैं एक उत्तम समाप्ति चाहता था। अब मैंने कठिनाइयों से सीख लिया है। कुछ कविताएँ अतुकांत होती हैं। कुछ कहानियों में स्पष्ट प्रारंभ, मध्य या अंत नहीं होता। जीवन अज्ञात के चारों ओर घूमता है। इसे परिवर्तित होते रहना है। यह न जानते हुए भी कि अगले क्षण क्या होगा, प्रत्येक क्षण का हमें सर्वोत्तम उपयोग करना है। स्वयं से ईमानदार बने रहिए। यह जानिए कि आप स्वयं से क्या अपेक्षाएँ रखते हैं। आप क्या कर सकते हैं और क्या नहीं कर सकते, इस बारे में अवगत हो जाने के बाद आप उन पर नियंत्रण कर पाने की स्थिति में होंगे। आपको अपनी आवश्यकताओं और अपेक्षाओं को जानना चाहिए और उसी के अनुरूप कार्य करना चाहिए। आप यह महसूस कर सकते हैं कि कुछ ऐसी परिस्थितियाँ होती हैं,

जब हमें निम्नतर कार्य-प्रदर्शन को स्वीकार कर लेना पड़ता है, जैसे किसी पाठ्यक्रम का हमारे लिए बहुत कठिन होना। यदि आप बहुत पिछड़ जाते हैं अथवा जितना आप कर सकते हैं, उससे बहुत अधिक करना पड़ता है, तब सहायता और सलाह लीजिए। जिस पाठ्यक्रम से परेशानियाँ उत्पन्न हो रही हों, उसे कभी-कभी छोड़ देना ही सर्वोत्तम समाधान होता है।

मैं किसी पाठ्यक्रम को छोड़ने की सलाह देना कभी पसंद नहीं करता; किंतु जब एक बार आपने पाठ्यक्रम छोड़ ही दिया है तो किसी भी स्तर पर नकारात्मक मन:स्थिति न उत्पन्न होने दें। केवल साहसिक, समर्पित और दृढ़-निश्चयी व्यक्ति ही इसे कर सकता है। यदि आप किसी पक्षी के पंख पर प्रहार करना चाहते हैं तो आपको अपने मन को वहाँ पूरी तरह केंद्रित करना पड़ेगा, उस समय आपको अपने बारे में अथवा पड़ोसी के बारे में सोचना बंद करना होगा, आपको अपनी आँखों को पक्षी पर ही स्थिर करना होगा। प्रत्येक उपलब्धि पंख-युक्त पक्षी की तरह है। एक बार जब आप आई.आई.टी. प्रवेश परीक्षा के लिए प्रस्थान कर जाते हैं तो कुछ भी आपको रोक नहीं सकता।

जब हमारी कोई इच्छा पूरी नहीं होती तो सामान्यत: हम उसे किसी-न-किसी तरह छोड़ देते हैं। हम उस पर उतना ध्यान नहीं देते और फिर उसकी चाह समाप्त हो जाती है, भरोसा खत्म हो जाता है। जब एक व्यक्ति विश्वास करना बंद कर देता है तो वह उसकी परवाह नहीं करेगा। जब एक स्त्री विश्वास करना बंद कर देती है तो वह भरोसा करने की ओर प्रवृत्त नहीं होगी। दोनों ही स्थितियों में वे आशा त्याग देंगे। अपनी आकांक्षाओं को पूर्णत: महसूस करने की क्षमता बनाए रखने के लिए आशा अत्यंत महत्त्वपूर्ण है। भरोसा, फिक्र और दृढ़ इच्छा-शक्ति के मूल तत्त्व हैं। हमें इन तीनों की आवश्यकता पड़ती है।

फिर भी इन तीव्र अनुभूतियों को हमारे जीवन को विच्छिन्न नहीं करना चाहिए। जब हम यह जानते हैं कि अपनी अनुभूतियों को किस प्रकार व्यवस्थित करें और नकारात्मक संवेगों से कैसे मुक्त हों तो तीव्र अनुभूतियाँ अधिकांशत: सकारात्मक ही रहेंगी।

'अग्रावलोकन लक्ष्य पर पहुँचानेवाले मार्ग को उस पर चलने के पूर्व ही देखना है अथवा किसी प्रस्ताव की निरुपयोगिता को उसे आजमाने के पूर्व ही पहचान लेना है और पृष्ठावलोकन किसी प्रस्ताव को आजमाने के बाद यह महसूस करना है कि यह अच्छा या बुरा है।'

गेंद पर प्रहार करने से पहले सोचिए। आप क्या करने जा रहे हैं? आप इसे

क्यों कर रहे हैं? आप उसे कहाँ मारने जा रहे हैं? इस गेंद से आप किस पर प्रहार करने जा रहे हैं? आप इसका निर्णय स्वयं लें। आप घबराहट या लड़खड़ाहट महसूस कर सकते हैं, परंतु सीखने की यह एक प्रक्रिया है। कभी निराश न हों।

लक्ष्य का निर्धारण

प्रेरित व्यवहार का सबसे पहला और अत्यंत महत्त्वपूर्ण लक्षण ऊर्जा का संचालन है। एक भूखा कुत्ता मार खाते हुए भी रोटी खाता है। जब आवश्यकता अधिक होती है तो शरीर में चयापचय की प्रक्रिया भी उसी अनुपात में बढ़ जाती है और हमारी स्नायविक ऊर्जा में भी उसके अनुपात से वृद्धि होती है। एक प्रेरित व्यक्ति का एक लक्ष्य होता है, इसलिए वह लक्ष्य प्राप्त करने की दृष्टि से निरंतर अपने कार्यकलापों में परिवर्तन करता रहता है। एक व्यक्ति, जिसका उद्देश्य धन कमाना है, वह भी इसके लिए अनेक तरीकों से कोशिश करता है। कभी-कभी वह एक लॉटरी का टिकट खरीद लेता है, जबकि अन्य समय में वह दूसरे व्यवसाय में व्यस्त रहता है। वास्तव में एक प्रेरित व्यक्ति अपने तरीकों में तब तक परिवर्तन करता रहता है जब तक कि वह सफलता के उस रास्ते पर नहीं पहुँच जाता, जो उसे लक्ष्य तक पहुँचाती है। शुरू में उसका व्यवहार 'आजमाइश और गलती' करने वाला होता है, किंतु सफलता का रास्ता जान लेने के बाद वह सदैव उसका ही अनुसरण करता है।

यह जान लेने के बाद कि आपके लिए महत्त्वपूर्ण क्या है और आपकी आकांक्षा क्या है, साथ ही अपनी क्षमताओं और दुर्बलताओं का मूल्यांकन कर लेने के बाद अपने व्यक्तिगत लक्ष्यों का निर्धारण संभव हो जाता है। अनेक लोग अपने लिए मन में किसी प्रकार के अल्पकालिक एवं दीर्घकालिक लक्ष्यों का एक मिला-जुला स्वरूप रखते हैं। किसी अल्पकालिक लक्ष्य द्वारा दीर्घकालिक लक्ष्य को सहयोग करना असामान्य नहीं है। उदाहरण के लिए, आई.आई.टी. में प्रवेश के लिए एक छात्र के दीर्घकालिक लक्ष्य को कक्षा में उपस्थिति, अध्ययन की आदतों, परियोजना की तैयारी, शैक्षिक परीक्षाओं में अच्छा प्रदर्शन और बाह्य क्रियाकलापों में वचनबद्धता जैसे अल्पकालिक लक्ष्यों की एक शृंखला से सहयोग मिल सकता है।

प्राप्त करने योग्य लक्ष्यों के लक्षण

1. **प्राप्त करने योग्य लक्ष्य यथार्थपूर्ण होता है :** ऐसे लक्ष्यों का निर्धारण करें, जो आपकी परिस्थिति में यथार्थ से पूर्ण हो और आपकी योग्यताओं,

क्षमताओं और रुचि के अनुरूप हो।

2. **पाने योग्य लक्ष्य विश्वसनीय और संभव होता है :** आप यहाँ मुख्य व्यक्ति हैं, इसलिए ऐसा लक्ष्य निर्धारित न करें, जिस पर आप विश्वास न करते हों। सुनिश्चित कर लें कि आपको इसे न सिर्फ कर पाने का विश्वास है बल्कि जो समय सीमा आपने तय की है, उसके भीतर ही आपके लिए इसे पूरा करना संभव है।
3. **पाने योग्य लक्ष्य मापा जा सकता है :** यदि आपका दीर्घकालिक लक्ष्य 'सफल होना है' तो आपके उस लक्ष्य तक पहुँचने की अधिक संभावना हो सकती है, यदि आप इसे और अधिक मूर्त और निश्चित शब्दों में कहें। एक साप्ताहिक लक्ष्य के लिए इस प्रकार के कथन से आगे बढ़कर कहें—मैं अपनी सभी कक्षाओं में बेहतर प्रदर्शन करना चाहता हूँ। इसके स्थान पर आप स्वयं से यह वादा करें कि अगले शनिवार तक आप भौतिकशास्त्र के दो अध्याय पढ़ लेंगे।
4. **पाने योग्य लक्ष्य लचीला होता है :** कभी-कभी हमारी योजनाएँ परिवर्तित होती हैं, कभी-कभी हम बीमार पड़ जाते हैं। यदि आवश्यक हो तो अपने लक्ष्य का पुन: आकलन और संशोधन करने के लिए तैयार रहें। यदि आप बहुत अधिक बीमार हैं और अध्ययन करने के लायक नहीं हैं, तो आपको भौतिक शास्त्र के दो अध्यायों का अध्ययन करने के अपने लक्ष्य की समय-सीमा को सोमवार तक के लिए बढ़ाना पड़ सकता है।
5. **पाने योग्य लक्ष्य नियंत्रण योग्य होता है :** सुनिश्चित कर लें कि आपका लक्ष्य आपके अधीन है। यदि आपके मित्रगण आपको यह सलाह देते हैं कि परीक्षा में उत्तीर्ण होने का सबसे अच्छा तरीका पिछले प्रश्न-पत्रों को हल कर लेना है; किंतु आप समझते हैं कि आपके अध्ययन की शैली के अनुरूप आपको सामग्री जुटाने के लिए पुस्तक के अध्यायों को पढ़ना चाहिए तो आपके लिए जो कारगर है और आपके नियंत्रण में है, उसी रीति पर अडिग रहें।

प्रतिभाशाली व्यक्ति की तरह सोचने के लिए समय निकालें

एक युवा एवं सफल प्रशासक पड़ोस की सड़क पर अपनी नई जगुआर कार तेजी से चला रहे थे। वह ध्यानपूर्वक उन बच्चों को देख रहे थे, जो सड़क के किनारे खड़ी गाड़ियों के बीच से अचानक तेजी से निकल आते थे। वह अपनी कार धीमी कर लेते, जब उन्हें कुछ दिखाई देता हुआ प्रतीत होता। जब उनकी कार आगे बढ़ रही थी तो कोई बच्चा सामने नहीं दिखा, बल्कि उसके स्थान पर एक ईंट उनकी जगुआर के दरवाजे से आकर टकराई। उन्होंने जोर से ब्रेक लगाया और जगुआर को पीछे उस स्थान पर ले आए, जहाँ ईंट फेंकी गई थी। गुस्से में वह कार से बाहर कूद पड़े और सबसे नजदीक वाले बच्चे को पास ही खड़ी कार की ओर धकेलकर चिल्लाए, ''यह सब क्या हो रहा है और तुम कौन हो? तुम यह क्या बदमाशी कर रहे हो? यह एक नई कार है और जो ईंट तुमने फेंकी है, उससे हुए नुकसान को ठीक कराने के लिए मुझे बहुत पैसे खर्च करने पड़ेंगे। तुमने ऐसा क्यों किया?''

किशोर बालक क्षमा-याचना करने लगा—''कृपया¨ श्रीमान¨ कृपया, मैं दुःखी हूँ¨ मुझे पता नहीं है कि इसके अलावा मैं क्या कर सकता था।''उसने तर्क प्रस्तुत किया।

''मैंने ईंट फेंकी, क्योंकि कोई गाड़ी नहीं रोक रहा था।'' उसकी आँखों से आँसू झड़कर गालों से होते हुए ठुड्डी तक बह रहे थे। किशोर ने एक खड़ी गाड़ी के पास इशारा करते हुए एक अन्य बालक की ओर इंगित किया और कहा, ''वह मेरा भाई है।''

''वह किनारे पर लुढ़ककर अपनी पहिएदार कुरसी (व्हील चेयर) से गिर गया है और मैं उसे उठा नहीं सकता।''

सिसकते हुए बालक ने उस चकित प्रशासक से पूछा, ''क्या आप उसे पुनः उसकी पहिएदार कुरसी पर बैठाने में मेरी सहायता करेंगे? उसे चोट लगी है और मेरे लिए वह बहुत भारी है।''

कार चालक का हृदय इतना द्रवित हो उठा कि उसका वर्णन शब्दों से परे है। उन्होंने अपने गुस्से को पी लिया और जल्दी से उस अपाहिज बच्चे को उठाकर पुनः पहिएदार कुरसी पर बैठाया, फिर अपना रुमाल निकालकर उन्होंने उसकी

कटी और छिली हुई त्वचा को पोंछा। एक दृष्टि में उन्हें लगा कि सबकुछ जल्दी ही ठीक हो जाएगा।

"धन्यवाद, ईश्वर आप पर कृपा करे!" कृतज्ञ बालक ने उस अजनबी से कहा। शब्दों के लिए संघर्ष करते हुए वह व्यक्ति केवल यह देखता रहा कि छोटा बालक पहिएदार कुरसी को ढकेलकर उस पर बैठे अपने भाई को सड़क के किनारे-किनारे अपने घर ले जा रहा था, फिर वह व्यक्ति धीरे-धीरे अपनी जगुआर तक वापस आया। क्षति स्पष्ट दिख रही थी; किंतु चालक ने उस पिचके हुए दरवाजे की मरम्मत कराने की चिंता कभी नहीं की। उसने उस पिचके हुए स्थान को वैसे ही रहने दिया, ताकि वह उसे इस संदेश की याद दिलाता रहे—जीवन में इतनी तेज रफ्तार से मत चलो कि तुम्हारा ध्यान आकर्षित करने के लिए किसी को तुम्हारे ऊपर ईंट फेंकनी पड़े।

ईश्वर हमारी आत्मा में फुसफुसाते और हृदय में बोलते हैं। कभी-कभी जब हमारे पास सुनने का समय नहीं होता तो 'उन्हें' हमारे ऊपर ईंट फेंकनी पड़ती है। अब यह हमारी ही पसंद है कि हम फुसफुसाहट सुन लें या फिर ईंट का इंतजार करें।

प्रेरणा तरंग : अच्छी सलाह को प्रसन्नतापूर्वक उस समय तक स्वीकार कीजिए, जब तक आप जो करना चाहते हैं, उसमें वह बाधक नहीं है।

मन में रखिए : जैसा कि स्पष्ट है, यही वह क्षण है, जिसकी आप प्रतीक्षा कर रहे थे।

चिंतन क्षेत्र : जब आप पहाड़ पर चढ़ जाते हैं, तभी आपकी गति तीव्र होती है।

□

9
उचित समय

कुछ भी असंभव नहीं है

आपकी संलग्नता में कमी के कारण ही लक्ष्य असंभव प्रतीत होते हैं।

व्यायाम प्रतियोगियों, कलाकारों, व्यवसायियों, उत्कृष्ट प्रदर्शनकारियों आदि सभी में अनेक विशिष्ट चारित्रिक विशेषताएँ होती हैं—वचनबद्धता, अनुशासन, उत्साह, दूरदर्शिता, सतत उद्यमशीलता, आत्मविश्वास, रचनात्मकता और दृढ़ इच्छा-शक्ति आदि। सभी क्षेत्रों में संभावनाएँ छिपी होती हैं और यह आप पर निर्भर है कि आप उन्हें ढूँढ़ लें। जीवन अपने दरवाजे उन्हीं लोगों के लिए खोलता है, जो दृढ़निश्चयी, आत्मविश्वासी, निष्ठावान् और अपनी ऊर्जा से जीवन को चुनौती देने वाले होते हैं। रॉबर्ट शुलर ने कहा था—"आज हमारे पास जो कुछ है, वह किसी समय असंभव समझा जाता था।" सबकुछ संभव बनाया गया, क्योंकि लोगों को अपने आप पर भरोसा और उनमें आत्मविश्वास था। ऐसे लोग इतिहास गढ़ते रहते हैं। समय और ऊर्जा की इससे बड़ी बरबादी और कुछ नहीं हो सकती कि वह व्यक्ति, जिसमें एक संगीतकार बनने की क्षमता है, वह बैठकर यह शिकायत करता रहे कि उसमें एक चित्रकार बनने की योग्यता नहीं है। मैं यह विश्वास करता हूँ कि लोग असीम क्षमताओं के साथ पैदा होते हैं और उन्हें इसीलिए उत्पन्न किया गया है कि वे उन क्षमताओं का इस्तेमाल करें। आप जो करना चाहते हैं,

उसका मानस दर्शन (विजुअलाइजेशन) कीजिए। यदि आप अपना मन उसमें लगाएँगे तो वह कार्य आप कर सकेंगे। मेरा विश्वास है कि प्रत्येक व्यक्ति में अपरिमित क्षमताएँ होती हैं, किंतु कुछ असाधारण स्थितियों को छोड़कर वे अकसर अप्रयुक्त ही रह जाती हैं।

कब प्रारंभ करें

कन्फ्यूशियस ने कहा था—"एक लंबी यात्रा का प्रारंभ एक कदम आगे बढ़ने से ही हो जाता है।" यदि आप बारहवीं कक्षा के तुरंत बाद ही आई.आई.टी. में प्रवेश पाना चाहते हैं तो आपको उचित समय पर, यहाँ तक कि आठवीं कक्षा के बाद से ही, अपनी योजना प्रारंभ कर देनी चाहिए। इसमें कोई नुकसान नहीं है, क्योंकि आपको खरगोश और कछुए की कहानी याद रखनी चाहिए कि धीमी गति से, किंतु लगातार चलनेवाला ही दौड़ में विजयी होता है। जब आप कूच कर जाते हैं तो कोई अड़चन आपको रोक नहीं सकती।

सबसे पहले एन.सी.ई.आर.टी. की विज्ञान और गणित की पुस्तकें खरीदें। उन्हें स्कूल पुन: प्रारंभ होने के पहले गरमी की छुट्टियों में ही अध्ययन कर लेने का प्रयास करें। यदि आप आई.आई.टी. प्रवेश परीक्षा के पाठ्य विवरणों को देखें तो पाएँगे कि इसके अनेक अध्याय नौवीं और दसवीं कक्षाओं में प्रारंभिक स्तर पर पढ़ाए जाते हैं। इसके बाद इन्हीं पाठों को ग्यारहवीं और बारहवीं कक्षाओं में उच्च स्तर पर पढ़ाया जाता है—भौतिक शास्त्र, रसायनशास्त्र और गणित। इन विषयों की उपयुक्त पुस्तकें खरीदें और साथ में विज्ञान का एक शब्दकोश भी खरीदें। यदि आप संसार के श्रेष्ठ प्रौद्योगिकी विशेषज्ञों में से एक बनना चाहते हैं तो आई.आई.टी. प्रवेश परीक्षा संबंधी अध्ययनों के लिए विशेष रूप से कम-से-कम डेढ़ घंटे प्रतिदिन का समय लगाएँ।

कभी भी शिक्षा की गुणवत्ता से समझौता न करें। केवल अनुभवी शिक्षकों से ही मार्गदर्शन लें। व्यापारिक कोचिंग संस्थाओं पर निर्भर न रहें अथवा उन हताश युवाओं पर भी आश्रित न रहें, जो सिर्फ पैसों के लिए पढ़ाते हैं। इसकी जगह स्वाध्याय में प्रवृत्त हों। आज बहुतेरे निर्देशक हैं, किंतु बहुत कम वास्तविक शिक्षक उपलब्ध हैं, क्योंकि शिक्षकों ने अपने सामाजिक उद्‌देश्य की भावना को खो दिया है। सफल परीक्षार्थियों के साक्षात्कारों को पढ़ें।

जब आप दसवीं कक्षा में पढ़ रहे हों तो गणित पर विशेष जोर दें, क्योंकि गणित ही प्रौद्योगिकी के विकास और इंजीनियरिंग के उपयोग क्षेत्र के विस्तार का

आधार प्रदान करता है। परिभाषाओं, नियमों, व्युत्पत्तियों, इकाइयों और विज्ञान के भौतिक परिमाणों के विस्तारों को समझने का प्रयास कीजिए। यह आई.आई.टी. प्रवेश परीक्षा के लिए भी अनिवार्य है, जहाँ छात्र को अन्य प्रतियोगियों से आगे निकलने के लिए अपनी अधिकतम शक्ति लगानी पड़ती है, ताकि वह पात्रता-सूची में ऊँचा स्थान प्राप्त कर सके।

गणित को भावी प्रौद्योग तंत्र के प्रशासकों (टेक्नोक्रैट्स) की क्षमता का आकलन करने के लिए एक संसाधन के रूप में इस्तेमाल किया जाता है। आई.आई.टी. संयुक्त प्रवेश परीक्षा का गणित अनुभाग बहुआयामी एवं बहूउद्देश्यी है। बहुआयामी क्षेत्र का उद्देश्य छिपे हुए तथ्यों को समझने और गणितीय अवधारणाओं को नियमबद्ध करके किसी समस्या से संबंधित विभिन्न विकल्पों के आधार पर उन्हें कार्यान्वित करने के लिए समाधान का एक उपयुक्त निश्चित स्वरूप प्रस्तुत करना है। बहूउद्देश्यी गणित का लक्ष्य प्रतियोगी की विश्लेषणात्मक क्षमता और संबंधित खंडों की अवधारणाओं के बारे में मूल्यांकन करना है। दसवीं कक्षा के स्तर पर गणित की अवधारणाओं के एक विस्तृत खंड के व्यापक प्रयोग की आवश्यकता पड़ती है। छात्रों को बीजगणित, त्रिकोणमिति, गणना-विधि, निर्देशांक ज्यामिति और उच्च बीजगणित का प्रयोग करने की आवश्यकता पड़ती है।

तैयारी का तरीका

गणित के अध्ययन को तीन भागों में विभक्त किया जा सकता है—

1. अवधारणाएँ अथवा परिकल्पनाएँ।
2. भौतिक/ज्यामितीय महत्त्व अथवा अर्थ।
3. अवधारणाओं एवं परिकल्पनाओं की जटिलताओं का अभिप्रेत अर्थ।

अध्ययन का तरीका कई स्तरों वाला होना चाहिए। पहले स्तर पर पारिभाषिक शब्दावलियों, अवधारणाओं, परिकल्पनाओं और उनके आपसी संबंधों का अध्ययन किया जाना चाहिए। दूसरे स्तर पर भौतिक/ज्यामितीय महत्त्व एवं उनके अर्थ को समझा जाना चाहिए। अंतिम स्तर पर अवधारणाओं की जटिलताओं का व्यापक अध्ययन आई.आई.टी. संयुक्त प्रवेश परीक्षा के प्रश्नों को हल करने में छात्रों के स्तर को उत्कृष्टता प्रदान करता है; लेकिन अंतिम स्तर में प्रवेश करने के पहले छात्रों को सरल प्रश्नों को हल करने का पर्याप्त अभ्यास कर लेना चाहिए।

आई.आई.टी. संयुक्त प्रवेश परीक्षा के लिए अध्ययन के विकासोन्मुख स्तर

किसी भी कारण से किसी विषय के अध्ययन को अपर्याप्त न रखें। स्कूल अथवा बोर्ड की परीक्षाओं के प्रतिकूल आई.आई.टी. संयुक्त प्रवेश परीक्षा में अपने अध्ययनों में एक निश्चित स्तर की प्रवीणता के बिना आप अच्छे नंबर नहीं प्राप्त कर सकते। किसी अवधारणा की समझ मात्र ही पर्याप्त नहीं है। आपको यह सीखना होगा कि जटिल समस्याओं/प्रश्नों के समाधान में इन अवधारणाओं का उपयोग किस प्रकार करें। आई.आई.टी. संयुक्त प्रवेश परीक्षा के प्रश्नों में किसी एक अवधारणा का सीधा-सीधा उपयोग नहीं करना होता है। अनेक प्रश्नों में एक से अधिक मूल अवधारणाएँ अथवा परिकल्पनाएँ समाहित रहती हैं।

- **प्रथम चरण : ठोस अनुभव :** मूल अवधारणाओं अथवा परिकल्पनाओं को पूरी तरह समझना और उनका उपयोग करना।
- **द्वितीय चरण : विचार एवं पुनर्मनन :** एक ही प्रश्न में विभिन्न अवधारणाओं एवं परिकल्पनाओं का प्रयोग विषय की उपशाखाओं में करना सीखें।
- **तृतीय चरण : अमूर्त अवधारणाएँ निर्मित करना :** किसी भी विषय के एक ही प्रश्न में अनेक अवधारणाओं या परिकल्पनाओं का प्रयोग सीखें।
- **चतुर्थ चरण : नई स्थितियों में परीक्षण करना :** किसी विषय के एक ही प्रश्न में जहाँ अन्य विषयों की सूचनाएँ भी उपयोग में लाई जाती हैं, विभिन्न अवधारणाओं अथवा परिकल्पनाओं का प्रयोग सीखें।

कार्यक्षेत्र

कार्य करने के स्थान को योजनाबद्ध तरीके से खूब सोच-विचार कर व्यवस्थित करना चाहिए। इसे इस प्रकार आकार दें और व्यवस्थित करें कि वह यथासंभव आरामदेह हो। कार्यक्षेत्र व्यवस्थित करते समय इस बात का ध्यान रखें कि आराम बहुत महत्त्वपूर्ण है, क्योंकि वहाँ आपको अध्ययन करते हुए लगातार कई घंटे प्रतिदिन बिताने हैं। कार्य करने के स्थान पर आपके पास एक ऐसा टेबल होना चाहिए, जिस पर आप अपनी पुस्तकें, नोटबुक और अन्य आवश्यक वस्तुएँ फैला सकें। आपको टेबल पर या उसके निकट एक लैंप की भी आवश्यकता हो सकती

है। यह भी सुनिश्चित कर लें कि आपने एक आरामदेह कुरसी का चयन किया है। इससे आपकी आँखों पर कुछ कम तनाव पड़ेगा और थकान कम लगेगी। अपने कार्य करने के स्थान पर अग्रलिखित वस्तुओं को भी रख लें—गढ़ी हुई पेंसिलें, बॉल पेन, फेल्ट टिप पेन, हाईलाइटर, कागज, स्टैप्लर, पेपर क्लिप्स, पेंसिल शॉर्पनर, एक साइंटिफिक कैलकुलेटर, लॉग टेबल, एक शब्दकोश, एक थीसारस (समांतर कोश) और यदि संभव हो तो एनसाइक्लोपीडिया का एक सेट।

✔ कैसे प्रारंभ करें

विश्वास करें कि आप सफल हो सकते हैं। उसकी कीमत चुकाने के लिए तैयार रहें। कीमत तो हमेशा वही होती है, जिसे आप देना नहीं चाहते। विफलता बहाने बनाने से ही प्रारंभ हो जाती है, यह 'शॉर्टकट' चुनने से भी शुरू होती है। जो लोग सर्वोत्तम बनना चाहते हैं, वे उत्कृष्टतम प्रयास करते हैं। यदि आप अधिकतम प्रयास करते हैं तो सदैव शीर्ष पर नहीं भी पहुँच सकते हैं; किंतु आप उसके नजदीक तो पहुँच ही जाएँगे। आप क्या कर रहे हैं, यह महत्त्वपूर्ण है; किंतु आप किस प्रकार कर रहे हैं, यह ज्यादा महत्त्वपूर्ण है। आपका दृष्टिकोण यह होना चाहिए कि आप जो कुछ भी कर रहे हों, उसमें सर्वश्रेष्ठ बनें। मैं यह विश्वास करता हूँ कि प्रत्येक व्यक्ति जो अपने क्षेत्र में प्रथम स्थान पर है, वह वहाँ इसलिए पहुँचा है, क्योंकि उसने अपना लक्ष्य ऊँचा रखा और सर्वोत्तम प्रयास किए हैं।

अनेक वर्ष पूर्व यूरोपीय प्रतियोगिता में प्रथम स्थान प्राप्त करने के बाद हंगरी के एक फुटबॉल खिलाड़ी का साक्षात्कार लिया गया। उसने बताया कि वह अपना समय फुटबॉल खेलने में बिताता। जब वह फुटबॉल पर 'किक' नहीं लगा रहा होता था तो फुटबॉल के बारे में बात कर रहा होता था और जब वह फुटबाल के बारे में बात नहीं करता था, तब वह उसके बारे में सोचता रहता था।

अनगिनत बार छात्रों ने मुझसे पूछा है कि अध्ययन करने का सबसे अच्छा तरीका क्या है? मैं यह सोचना पसंद करता हूँ कि अध्ययन उस स्तर तक किया जाना चाहिए कि विषय में प्रवीणता हासिल हो जाए और उसी तरह किया जाना चाहिए, जिस तरह हम एक-एक सीढ़ी ऊपर चढ़ते हैं। आप ऊपर तब तक नहीं पहुँचेंगे, जब तक कि सीढ़ी का प्रत्येक चरण न चढ़ लें। अध्ययन के विशिष्ट तरीके आपको हर बार सीढ़ी के सबसे निचले डंडे से प्रारंभ करने पर बाध्य करते हैं; किंतु केवल एक बार अध्ययन करके आप प्रवीणता कैसे हासिल कर सकते

हैं? उत्तर है, आप नहीं कर सकते। इसलिए आपको एक ऐसा रास्ता ढूँढ़ना होगा कि आप अपने पिछले प्रयास में पहुँचे स्थल तक प्रवीणता प्राप्त कर लें। जो संस्तुतियाँ अब मैं करने जा रहा हूँ, वे आपकी सफलता की गारंटी नहीं देती हैं, किंतु मैं विश्वास करता हूँ कि इनसे आपकी सफलता की संभावनाएँ अधिकतम हो जाएँगी।

स्कूल में सफल होने के लिए

शोध से यह पता चला है कि परीक्षा के लिए एक औसत छात्र कितना अध्ययन करेगा। दैनिक प्रश्न-माला के लिए एक औसत व्यक्ति चार घंटे अध्ययन करता है, साप्ताहिक प्रश्नोत्तरी के लिए चार घंटे, प्रमुख परीक्षा के लिए चार घंटे, मध्यावधि के लिए चार घंटे और अंतिम विस्तृत परीक्षा के लिए भी चार घंटे ही अध्ययन करेगा। इस चार घंटे के अध्ययन का परिणाम दैनिक प्रश्नोत्तरी से लेकर अंतिम विस्तृत परीक्षा तक भिन्न-भिन्न होगा। इसका अर्थ यह है कि हाई स्कूल में विभिन्न क्रम-स्तर (ग्रेड) बुद्धि द्वारा निर्धारित किए जाते हैं, क्योंकि प्रत्येक छात्र एक-सा समय ही अध्ययन में लगाता है। छात्र जिस प्रकार अध्ययन करना पसंद करते हैं, उसी प्रकार मस्तिष्क सूचनाओं का रिकॉर्ड नहीं बनाता और उन्हें संचित नहीं करता। कभी-कभी कुछ छात्र अंतिम क्षणों में पढ़कर भी सफल हो जाते हैं; किंतु वे नियम के अपवाद हैं।

शोध से यह पता चलता है कि सबसे धीमी गति से अध्ययन करनेवाले 10 प्रतिशत छात्रों को सबसे तेज गति से पढ़नेवाले 10 प्रतिशत छात्रों की तुलना में समान सामग्री का अध्ययन करने में 5 से 6 गुना अधिक समय लग सकता है। प्रत्येक व्यक्ति में शक्तियाँ और दुर्बलताएँ होती हैं। अपनी दुर्बलताओं पर विजय प्राप्त करने से आपकी शक्तियाँ बढ़ती हैं। दूसरे शब्दों में, यदि आप सफलता के लिए आवश्यक कीमत दे दें तो आप सफल हो सकते हैं। यह भी संभव है कि अच्छी तैयारी के बावजूद आप असफल हो जाएँ; किंतु यदि किसी व्यक्ति ने असफलता का स्वाद नहीं चखा है तो वह सफलता का आनंद लेने की आशा कैसे कर सकता है?

- सफलता प्राप्त करना आसान नहीं है। स्कूल में सफलता प्राप्त करने के लिए काफी अध्ययन करने की आवश्यकता पड़ती है। यद्यपि अध्ययन करना आपको एक साधारण काम लग सकता है, किंतु वास्तविकता यह है कि किसी भी विषय में प्रवीणता प्राप्त करने से अत्यधिक संतुष्टि मिलती है।

- किसी पाठ्यक्रम में आपने जो कुछ सीखा है, उसे मापने की एक विधि है परीक्षाएँ। परीक्षाओं में अच्छा करने और अच्छे अंक प्राप्त करने से अध्ययन की अच्छी आदतों की शुरुआत हो जाती है।

☑ नौवीं और दसवीं कक्षा के छात्रों के लिए कार्य-योजना

छात्रों के शैक्षिक परीक्षाओं और आई.आई.टी. संयुक्त प्रवेश परीक्षाओं के परिणामों के व्यापक निरीक्षण पर आधारित।

परीक्षा	कुल घंटे	घंटे दैनिक	शैक्षिक अध्ययन	आई.आई.टी. के लिए	महीने के लिए
आठवीं/नौवीं के बाद गरमी की छुट्टियों में	150	3	120	30	मई एवं जून
त्रैमासिक	120	2.5	100	20	जुलाई एवं अगस्त
अर्धवार्षिक	210	2.5	170	40	सितंबर, अक्टूबर एवं नवंबर
वार्षिक	325	3	300 स्कूल/बोर्ड	25	दिसंबर, जनवरी, फरवरी एवं मार्च

प्रेरणा तरंग : किसी स्थान पर पहुँचने के लिए सबसे महत्त्वपूर्ण यह है कि हम जहाँ हैं वहाँ से ही शुरुआत करें।

मन में रखिए : क्षमताएँ कार्य प्रारंभ कराती हैं। निष्पादन कार्य पूरा करता है।

चिंतन क्षेत्र : संसार में जो परिवर्तन आप देखना चाहते हैं, उसे अपने अंदर लाइए।

□

10

आंतरिक आवाज

आपका अपना मूल्यांकन क्या है?

यदि आप अपना सुधार करना चाहते हैं तो किसी हितैषी द्वारा आपकी त्रुटियों को बताए जाने पर बुरा न मानें। यह मानने में भयभीत न हों कि आप अपरिपूर्ण हैं। आपका असंतोष एक स्वास्थ्यकर चिह्न हो सकता है। यह न कहें कि आप गरीब और कम बुद्धिमान हैं, इसलिए संसार को अपना योगदान नहीं दे सकते। सिडनी स्मिथ ने कभी कहा था— "इस संसार में बहुत सी प्रतिभाएँ थोड़े साहस की कमी के कारण खो जाती हैं।" आप अपने अंदर कार्यक्षमता का निर्माण करके एक अधिक प्रभावशाली संसार का निर्माण कर सकते हैं। एक लोहार के पुत्र माइकेल फैराडे अपने आरंभिक दिनों में एक जिल्दसाज के प्रशिक्षु थे और उन्होंने यह काम बाईस वर्ष की उम्र तक किया। कालांतर में उन्होंने वैज्ञानिकों में प्रथम स्थान प्राप्त किया। यहाँ तक कि वह अपने मालिक सर हंफ्री डेवी से भी आगे निकल गए। शेक्सपियर भी साधारण स्तर से ही उठे थे। उनके पिता एक बूचड़ व घसियारे थे और शेक्सपियर स्वयं अपने प्रारंभिक जीवन में ऊन साफ किया करते थे। इसमें आप भी शामिल हैं। अकसर हम देखते हैं कि आपात स्थितियों में कितनी जल्दी और होशियारी से हमारी प्रतिक्रिया होती है। हमारे अंदर

छिपी हुई और सुषुप्त शक्तियाँ जाग्रत् होकर कमाल करती हैं।

विफलता से न डरें

वर्षों पूर्व एक विचार ने हमारे संसार को बदल दिया। यह थॉमस अल्वा एडिसन का दृढ़ निश्चय ही था, जिसने दस हजार असफलताओं को राख की तरह झाड़ दिया और अंततः तापदीप्त (इन्कैंडीसेंट) बिजली के बल्ब को जलाकर महान् विद्युत् युग की शुरुआत की और हमारे जीवन एवं घरों को प्रकाश से जगमगा दिया। आप कई बार असफल हुए हैं, यद्यपि आपको याद नहीं है। जब पहली बार आपने चलने की कोशिश की तो भी आप गिरे थे। जब पहली बार आपने बल्ला चलाया था तो क्या आप गेंद मार पाए थे? वर्तमान उपलब्धियों से न तो संतुष्ट हों और न ही अधिक ऊँचाई तक पहुँचने का प्रयास बंद करें, क्योंकि मैं समझता हूँ कि आप जो भी करते हैं, उसमें उत्कृष्ट प्रयास ही पश्चात्ताप से बचने का एकमात्र तरीका है।

- संसार के सर्वश्रेष्ठ बल्लेबाज सचिन तेंदुलकर अनेक बार रन बनाने में विफल रहे।
- सदी के महान् कलाकार अमिताभ बच्चन ने अनेक ऐसी फिल्मों में काम किया, जो असफल रहीं।
- अंग्रेज उपन्यासकार जॉन क्रीजी ने 564 पुस्तकों के प्रकाशन से पूर्व 753 अस्वीकृति-पत्र प्राप्त किए थे।
- सबसे लंबे कार्यकाल तक भारतीय प्रधानमंत्री रहनेवाली इंदिरा गांधी भी सन् 1977 में चुनाव हार गई थीं।
- सन् 1832 में अब्राहम लिंकन नौकरी से निकाल दिए गए थे।
  सन् 1832 में वह अपने व्यापार में असफल रहे।
  सन् 1833 में वे विधानसभा के लिए चुने गए।
  सन् 1834 में उनकी प्रेमिका का देहांत हो गया।
  सन् 1836 में वे स्पीकर के चुनाव में हार गए।
  सन् 1838 में वे कांग्रेस में मनोनयन प्राप्त करने में विफल रहे।
  सन् 1843 में वे कांग्रेस में चुने गए।
  सन् 1848 में वे भूमि अधिकारी के लिए अस्वीकृत कर दिए गए।
  सन् 1849 में वे सीनेट का चुनाव हार गए।
- सन् 1854 में वे उपराष्ट्रपति पद का मनोनयन प्राप्त करने में असफल रहे।

सन् 1860 में अब्राहम लिंकन संयुक्त राज्य अमेरिका के सोलहवें राष्ट्रपति चुने गए। इसलिए अपने लक्ष्य के प्रति समर्पित रहें, वचनबद्ध रहें।

किसी लक्ष्य को प्राप्त करने के लिए दृढ़ता और अथक प्रयत्न कभी भी समय की बरबादी नहीं है। 'आप एकमात्र ऐसे व्यक्ति हैं, जो अपने आपको लक्ष्य तक पहुँचने से रोक सकते हैं।' वे लोग जो कहते हैं कि 'मैं नहीं कर सकता' और 'यह असंभव है', उन्हें निम्नलिखित कविता में वर्णित दर्शन से सीख लेनी चाहिए—

यदि आप सोचते हैं कि आप हार गए हैं
तो आप पराजित हैं।
यदि आप सोचते हैं कि आप साहसी नहीं हैं
तो आप साहस नहीं कर सकते।
यदि आप विजयी होना चाहते हैं,
किंतु सोचते हैं कि हो नहीं सकते
तो यह लगभग तय है कि आप सफल नहीं होंगे।
यदि आप सोचते हैं कि हार जाएँगे
तो आप परास्त हो चुके हैं।

अपनी अव्यक्त क्षमताओं को ढूँढ़ निकालने के लिए किसी संकट की प्रतीक्षा न करें, उन्हें प्रतिदिन घटित स्थितियों से ही अपने और दूसरों के जीवन को समृद्ध करने के लिए विकसित करें।

यदि एक व्यक्ति प्रगतिशील, उत्सुक और ग्रहणशील है तथा वह सुधार के लिए सदैव तत्पर रहता है तो वह दूसरों का नेतृत्व करेगा। शीर्ष पर बने रहने के लिए आपको अपने पीछे रहनेवाले लोगों की तुलना में काफी अधिक परिश्रम करना होगा। उन्हें तो सिर्फ इतना करना है कि वे आपकी नकल करें और ग्रहण करें।

परित्याग न करें

जब वेग निम्नतर हो तो परित्याग न करें, क्योंकि अब यह बदलने ही वाला है।
शंकाओं और प्रश्नों के कारण परित्याग न करें, क्योंकि इन्हें आप सीख सकते हैं।
जब रात सबसे काली हो तो परित्याग न करें, क्योंकि अब अरुणोदय होने वाला है।

जब आप बहुत दूर तक दौड़ चुके हों तो परित्याग न करें, क्योंकि आप मुकाबला जीत चुके हैं।

जब पहाड़ की ढलान खड़ी हो तो परित्याग न करें, क्योंकि आपका लक्ष्य अब समीप है।

परित्याग न करें, क्योंकि आप तब तक असफल नहीं हैं जब तक कि प्रयास करना ही न छोड़ दें।

'प्रयत्न करते रहें। लड़ें। टिके रहें। परित्याग करने के बारे में सोचें भी नहीं। ***'मैं आपसे कहता हूँ कि वह क्षण केवल एक बार आता है और ईश्वर उन लोगों की मदद करते हैं, जो उस क्षण से गुजर जाते हैं।'***

—साइरेनो डि बरगेराक

☑ सामान्य अभिलाषी की स्थिति

आई.आई.टी. संयुक्त प्रवेश परीक्षा के लिए किया जानेवाला अध्ययन थोड़ा भिन्न होता है। यदि विषयों का आपका ज्ञान अपर्याप्त है और आप पढ़ना पसंद नहीं करते तो आप संकट में हैं। हाई स्कूल अध्ययन की जो आदतें आपने विकसित कर ली हैं, वे आपको विफलता तक पहुँचा सकती हैं; क्योंकि आपने यह कभी अनुभव ही नहीं किया है कि आई.आई.टी. प्रवेश परीक्षा में सफल प्रदर्शन के लिए कितने परिश्रम की आवश्यकता पड़ती है। यही कारण है कि पहली बार परीक्षा में बैठने पर यह आपको सबसे कठिन वर्ष लग सकता है। आई.आई.टी. प्रवेश परीक्षा के लिए समुचित स्तर की तैयारी करने में लगभग एक वर्ष का समय लग जाता है। अधिकांश छात्र बहुत बुद्धिमान और कुछ तो बहुत प्रेरित होते हैं। बहुत से छात्रों को यह गहन अनुभूति होती है कि चूँकि उन्होंने अब तक अपनी विभिन्न परीक्षाओं में बहुत अच्छे अंक नहीं प्राप्त किए हैं, इसलिए आई.आई.टी. संयुक्त प्रवेश परीक्षा में उनके सफल होने की संभावना नहीं है। इस परीक्षा के लिए एक विश्लेषणात्मक दृष्टिकोण की आवश्यकता होती है और यह सामान्य अध्ययनों से बिलकुल भिन्न है।

जिन छात्रों का बौद्धिक स्तर ऊँचा होता है, वे एक बड़े समूह में भी शिक्षकों, अनेक पुस्तकों एवं अन्य उपलब्ध अध्ययन सामग्रियों से सूचनाएँ ग्रहण कर लेते हैं। अन्य छात्र सूचनाओं की बाढ़ एवं अन्य अध्ययन सामग्रियों से भ्रमित हो जाते हैं। अधिकतम परिणामों के लिए छात्रों को एक सुनिश्चित योजना के

साथ सुनिर्धारित स्रोतों से आवश्यक सहायता लेनी चाहिए। छात्र अधिकांशतः सबसे अधिक अंक खींचनेवाले विषय रसायनशास्त्र की उपेक्षा करते हैं। आई.आई.टी. संयुक्त प्रवेश परीक्षा के लिए भौतिक शास्त्र की तैयारी में परिष्कृत विश्लेषणात्मक क्षमता के साथ-साथ इस विषय के अध्ययन में बहुत अधिक ध्यान देने की आवश्यकता पड़ती है। इसके अलावा सभी विज्ञानों की रानी-माता गणित को कभी न भूलें।

केवल यही सोचिए। यदि आप समर्पित हैं और मात्र एक स्वप्न 'आई.आई.टी. संयुक्त प्रवेश परीक्षा में सफलता' के लिए कठिन परिश्रम करने को तैयार हैं, तो इस पुस्तक से आपको निश्चित रूप से वह आत्मविश्वास एवं अन्य क्षतमाएँ प्राप्त होंगी जो इस परीक्षा में ऊँचा स्थान प्राप्त करने के लिए अनिवार्य हैं। माता-पिता का सहयोग और छात्रों का समर्पण-युक्त कठिन परिश्रम लक्ष्य की प्राप्ति के लिए जरूरी है। **हमारी परीक्षा संबंधी रणनीति एवं व्यापक पाठ्यक्रम के साथ-साथ वर्षों के हमारे शैक्षिक अनुभव एवं प्राप्त परिणामों के आधार पर मैं दृढ़ विश्वास के साथ यह आशा कर सकता हूँ कि एक औसत छात्र यदि इन परामर्शों का निष्ठापूर्वक पालन करे तो वह अच्छे क्रम-स्थान (रैंक) के साथ आई.आई.टी. संयुक्त प्रवेश परीक्षा में सफल हो सकता है।**

मैंने यह पाठ्यक्रम इस प्रकार आयोजित किया है कि आपका कोर्स आई.आई.टी. संयुक्त प्रवेश परीक्षा के बहुत पहले ही समाप्त हो जाएगा। इससे आपको कोर्स दोहराने, परीक्षा की मनःस्थिति को परिष्कृत करने और अंतिम क्षणों में उत्पन्न संशयों का समाधान करने का समय मिल जाएगा। **आप एक बहुत प्रभावी पद्धति पाएँगे, जो आपकी संपूर्ण क्षमताओं को व्यवस्थित तरीके से विकसित करने में सहायक होगा।**

☑ बड़ी चट्टानें

एक दिन एक समय प्रबंधन विशेषज्ञ व्यावसायिक पाठ्यक्रम के छात्रों के

एक समूह को संबोधित कर रहे थे। एक विचार को समझाने के लिए उन्होंने एक प्रयोग का इस्तेमाल किया, जिसे वे छात्र कभी भूल नहीं पाएँगे। उच्च उपलब्धियों से संपन्न उस समूह के सामने खड़े होकर उन्होंने कहा, "अब एक पहेली सुलझाने का समय आ गया है।" तब उन्होंने एक गैलन निकाला, जो एक चौड़े मुँह वाला जार था और उसे उन सभी के सामने टेबल पर रखा। उसके बाद उन्होंने मुट्ठी के बराबर एक दर्जन पत्थर के टुकड़े निकाले और उन्हें ध्यानपूर्वक एक-एक करके स जार में भर दिया। जब जार ऊपर तक भर गया और पत्थर का कोई और टुकड़ा अंदर तक नहीं जा सकता था, तब उन्होंने पूछा, "क्या यह जार भर गया है?" कक्षा के सभी छात्रों ने कहा, "हाँ।" तब उन्होंने कहा, "क्या सचमुच?" फिर उन्होंने टेबल के नीचे से कंकड़ के छोटे-छोटे टुकड़ों से भरी बालटी निकाली। उसके बाद कंकड़ के कुछ टुकड़ों को जार में डालकर हिलाया, जिससे वे टुकड़े बड़े पत्थरों के बीच की जगह में स्थापित हो गए। उन्होंने एक बार फिर छात्रों के उस समूह से पूछा, "क्या यह जार भर गया है?" इस समय तक छात्र उनकी बात समझने लगे थे। "शायद नहीं", एक ने उत्तर दिया। "बहुत अच्छा।" उन्होंने कहा।

उन्होंने फिर टेबल के नीचे हाथ बढ़ाया और बालू से भरी एक बालटी निकाली। उन्होंने बालू को जार में भरना शुरू किया। पत्थरों और कंकड़ों के बीच की खाली जगह में बालू भर दिया गया। एक बार फिर उन्होंने वही सवाल दोहराया, "क्या यह जार भर गया है?" "नहीं", छात्रों ने जोर से उत्तर दिया। तब उन्होंने पानी से भरा एक मटका निकाला और जार को उस समय तक भरते रहे जब तक पानी ऊपर तक नहीं भर गया। तब उन्होंने छात्रों की ओर देखा और पूछा, "इस दृष्टांत का मंतव्य क्या है?" एक अधीर छात्र ने अपना हाथ उठाया और कहा, "इसका मंतव्य यह है कि आपका कार्यक्रम चाहे कितना ही व्यस्त क्यों न हो, यदि आप सचमुच प्रयास करें तो आप कुछ और चीजें उसमें समाहित कर सकते हैं।"

"नहीं," वक्ता ने उत्तर दिया, "यह मंतव्य नहीं है। जिस सत्य को यह दृष्टांत उद्घाटित करता है, वह यह है कि यदि आप बड़े पत्थरों को पहले जार में नहीं डालेंगे तो फिर उन्हें कभी नहीं डाल पाएँगे।" आपके जीवन में बड़े पत्थर कौन से हैं? आपके प्रिय जन, आपकी शिक्षा, आपके सपने, उपयुक्त कार्य, शिक्षा अथवा दूसरों में सुधार लाना, वे कार्य करना जिन्हें आप पसंद करते हैं, अपने लिए समय निकालना, आपका स्वास्थ्य, आपके लिए महत्त्वपूर्ण अन्य कार्य। इन बड़े

पत्थरों को पहले अंदर डालना न भूलें, अन्यथा आप इन्हें कभी नहीं डाल पाएँगे। इसलिए आज रात को अथवा प्रातःकाल जब आप इस कहानी पर मनन कर रहे हों तो अपने आपसे यह प्रश्न कीजिए, मेरे जीवन में कौन से बड़े पत्थर हैं ? फिर उन्हें अपने जार में पहले डालिए।

☑ ग्यारहवीं/बारहवीं के छात्रों की कार्य-विवरणिका

छात्रों के शैक्षिक परीक्षाओं और आई.आई.टी. संयुक्त प्रवेश परीक्षाओं के परिणामों के व्यापक निरीक्षणों पर आधारित।

परीक्षा	कुल घंटे	घंटे प्रतिदिन	शैक्षिक अध्ययन	आई.आई.टी. जे.ई.ई. के लिए	माह
दसवीं/ ग्यारहवीं के बाद	200	4	150	50	मई एवं जून
त्रैमासिक	175	3.5	110	65	जुलाई व अगस्त
अर्धवार्षिक	275	4	125	150	सितं., अक्टू. एवं नवंबर
वार्षिक	370	4	275 स्कूल/बोर्ड परीक्षाएँ	95	दिसं., जन., फरवरी, एवं मार्च
जे.ई.ई.	100	9	–	300	अप्रैल

☑ पिछड़ जानेवालों के लिए कार्य-विवरण

आई.आई.टी. संयुक्त प्रवेश परीक्षा में छात्रों के परिणामों के व्यापक निरीक्षणों पर आधारित।

कक्षा	कुल घंटे	मासिक घंटे	दैनिक घंटे	माह
बारहवीं के बाद गरमी	270	135	5	जून एवं जुलाई

की छुट्टी में				
पहली अवस्था	600	150	6	अगस्त, सितं., अक्टू. एवं नवंबर
दूसरी अवस्था	475	175	7	दिस., जन. एवं फरवरी
तीसरी अवस्था	300	195	9	मार्च एवं अप्रैल

प्रेरणा तरंग : मेरे माता-पिता ने मुझसे कहा, ''अपना रात्रि-भोजन ग्रहण करो। भारत में लोग भूखे रह रहे हैं।'' मैं अपने बच्चों से कहता हूँ, ''अपना गृह-कार्य (होम वर्क) पूरा करो। देश में लोग नौकरियों के अभाव से पीड़ित हैं।''

मन में रखिए : एक विजेता कभी छोड़ता नहीं है और एक छोड़नेवाला कभी विजयी नहीं होता। कारणों को आप परिवर्तित कर सकते हैं। बहाने आपको परिवर्तित कर देते हैं।

चिंतन क्षेत्र : यदि हम सबकुछ जानते हुए पैदा हुए होते तो इस पृथ्वी पर इतने सारे समय में क्या करते?

□

11

जल्दी याद करना

आपका मस्तिष्क एक कैन्वास है। आप इस पर प्रयोग करते हैं और खेलते हैं। अपनी आँखें बंद कीजिए और एक सफेद कैन्वास के बीचोबीच एक लाल सेब का चित्र अपने मन में बनाइए। आप मानसिक रूप से एक आकृति को रँगते हैं। हम हमेशा ऐसा ही करते हैं, जब हम यह याद करते हैं कि अमुक वस्तु कैसी दिखती है। दृष्टिगत चिंतन का अर्थ है, अपने मन की आँखों से स्पष्ट चित्रों को देखना। आपका मस्तिष्क एक जूम लेंस की तरह चित्र को बहुत नजदीक से अथवा बहुत विस्तार में देख सकता है।

हम अपने मन में ही हमेशा बातचीत करते रहते हैं। प्रश्न यह है कि क्या हम अपने आपसे और अपने काल्पनिक संसार से सकारात्मक बात करते हैं? यह वह प्रक्रिया है, जिससे हमारे संवेगों और अनुभूतियों का चित्र हमारे मस्तिष्क में बनता है।

इस संस्थान एवं स्कूल में अध्यापन, पर्यवेक्षण और अपने प्रशासनिक अनुभवों तथा सहयोगियों की सहायता से मैंने अध्ययन के लचीले तरीके विकसित किए हैं।

हम महसूस करते हैं कि स्मृति विचार-क्षेत्रों की एक पद्धति है, जो भिन्न-भिन्न प्रकार की सूचनाओं के साथ अलग-अलग तरीके से कार्य करती है। हम लोगों ने स्मृति को समझने और इसे अधिक प्रभावी ढंग से इस्तेमाल करने में भारी सफलता प्राप्त की है। स्मृति को एक वस्तु, एक फाइलिंग प्रणाली, एक पुस्तकालय एवं एक कंप्यूटर डेटा बेस आदि समझा जाता है; किंतु स्मृति इन सबसे कहीं ज्यादा जटिल है। कुछ लोग सौभाग्यशाली होते हैं कि उनकी स्मृति असाधारण रूप से अच्छी होती है और ऐसा प्रतीत होता है कि बहुत कम प्रयास से ही वे जो चाहते हैं, वह कर लेते हैं; किंतु ऐसे लोग बहुत कम होते हैं। अन्य सभी लोगों को स्मृति सुधार के लिए प्रयास करना पड़ता है। स्मृति बढ़ानेवाली अच्छी तकनीकों को सम्मोहन से जोड़िए, फिर आप कुछ भी याद रख सकते हैं।

विश्वास कीजिए!

☑ महत्त्वपूर्ण विवरणों और प्रमुख विचारों का निष्कर्ष निकालने के लिए पढ़ें

सूचनाओं को प्राप्त करने का एक मुख्य तरीका पढ़ना है। हाई स्कूल की तुलना में कॉलेज में आपसे बहुत अधिक पढ़ने की अपेक्षा की जाती है। केवल 'पढ़कर' आप यह न मान लें कि नियत कार्य पूरा हो गया है। आपको इस उद्देश्य के साथ पढ़ना चाहिए कि मुख्य विचार को आत्मसात् करने के लिए आवश्यक विवरणों का निष्कर्ष निकालना है।

- पढ़ना प्रारंभ करने के पूर्व आपको यह जानना चाहिए कि आपका उद्देश्य क्या है और उसी के अनुरूप पढ़ाई की जानी चाहिए।
- आपको यह जानना चाहिए कि लेखक के मूल विचार क्या हैं और उन्हें आपको अपने तरीके से समझ लेना चाहिए।
- अनेक अनुच्छेदों से चयन करके मुख्य विचारों को अवश्य ग्रहण कर लें।

☑ पढ़ना, रेखांकित करना और नोट बनाना

जब आप पाठ पढ़ रहे होते हैं तो मुख्य बिंदुओं को रेखांकित करें और नोट बनाएँ। पेज का केवल आधा बायाँ भाग इस्तेमाल करें। दाहिनी ओर इस सामग्री के संदर्भ में भाषण के दौरान स्पष्ट किए गए अपने शिक्षक के विचारों को नोट करें। आपको अपनी पढ़ाई में अपने शिक्षक से सदैव आगे रहना चाहिए। पढ़ने की प्रक्रिया के दौरान यह निर्णय किया जाना चाहिए कि इस सामग्री में क्या महत्त्वपूर्ण है और उसे रेखांकित

किया जाना चाहिए, क्योंकि इससे विषय को याद रखने में सहायता मिलती है। निर्णय और चिंतन के कारण ही हम विषय को याद रख पाते हैं।

अब अपने नोट बनाने की क्षमता पर विचार कीजिए। क्या आप उसे अच्छा, कमजोर अथवा एकदम खराब समझते हैं ? अपनी इस क्षमता के बारे में विचार करने एवं उसका स्पष्ट चित्रण और एक बेहतर मूल्यांकन करने में सहायता प्राप्त करने के लिए कुछ मिनट लगाएँ और निम्नलिखित बिंदुओं पर अपने विचार लिखें—

मेरे बनाए हुए नोट की विशिष्टताएँ हैं—

....

....

....

....

मेरे बनाए हुए नोट में कमियाँ हैं—

....

....

....

....

इन सूचनाओं को जान लेने के बाद आपकी नोट बनाने की क्षमता में वृद्धि और सुधार हो सकता है।

☑ ए ए यू आर आर पद्धति

यह पद्धति अध्ययन क्षमताओं में आपकी प्रवीणता बढ़ाने में सहायक सिद्ध हुई है। AAURR यानी Analyze, Ask, Understand, Recite, Review का अर्थ है—विषय का विश्लेषण करें, प्रश्न पूछें, समझें, स्मृति पर आधारित पाठ करें और फिर समीक्षा करें।

विश्लेषण : आप जो विषय पढ़ने जा रहे हैं, उससे पूर्व उस विषय का सर्वोत्तम व्यापक आलेख प्राप्त करें। यह यात्रा पर निकलने के पूर्व क्षेत्र का नक्शा देखने जैसा है। यदि आप क्षेत्र के बारे में नहीं जानते हैं तो यात्रा प्रारंभ करने से पहले नक्शे का अध्ययन करना सबसे अच्छा तरीका है। अध्ययन का कार्य प्रारंभ करने के पूर्व प्रमुख शीर्षकों और पाठ्य-ग्रंथ के विभिन्न अध्यायों का सारांश पढ़ें।

प्रश्न पूछें : सीखने के लिए प्रश्न पूछें। सामान्यत: प्रश्नों के उत्तर प्राप्त

करना सीखने का एक अच्छा तरीका है। आपके प्रश्नों द्वारा अध्ययन से संबंधित विषय-वस्तु के संदर्भ में उन तथ्यों पर जोर दिया जाना चाहिए, जिनसे क्यों, कैसे, कब, कौन और कहाँ आदि के व्यापक उत्तर मिलते हों। अध्ययन करते समय अपने आपसे सवाल पूछिए। जब आप उन प्रश्नों के उत्तर देते हैं तो आपकी उस विषय की समझ अच्छी हो जाती है और उसे अधिक याद रखने में सहायता मिलती है, क्योंकि इस प्रक्रिया से आपके मन पर विषय का गहरा प्रभाव पड़ता है।

समझिए : पाठ्य-पुस्तक पर अपनी आँखें दौड़ाना ही पढ़ना नहीं है। हमें विषय को समझना चाहिए। जब आप पढ़ते हैं तो सक्रिय रूप से पढ़ें। जिन प्रश्नों को आप अपने आप से पूछते हैं अथवा लेखक ने पूछा है, उनका उत्तर ढूँढ़ने के लिए पढ़ें। पुस्तक में छपे गाढ़े अथवा तिरछे (इटैलिक) शब्दों/वाक्यों के प्रति सदैव सजग रहें। जब आप पढ़ते हैं तो यह सुनिश्चित कर लें कि सारणियों, ग्राफ एवं दृष्टांतों आदि सहित सबकुछ पढ़ लें। अकसर सारणियाँ, ग्राफ, दृष्टांत आदि विचारों को मूल पाठ की अपेक्षा अधिक प्रभावी ढंग से संप्रेषित करते हैं।

स्मृति पर आधारित पाठ करें : जब आप पढ़ते हैं तो समय-समय पर पढ़ना बंद करके यह स्मरण करने का प्रयास करें कि अब तक आपने क्या पढ़ा है। प्रमुख शीर्षकों, महत्त्वपूर्ण अवधारणाओं, गाढ़े अथवा तिरछे छपे शब्दों/वाक्यों में प्रस्तुत विचारों, सारणी, ग्राफ अथवा उदाहरणों के माध्यम से प्रस्तुत तथ्यों आदि को पुनःस्मरण करने का प्रयास करें। आपने जो कुछ पढ़ा है, उसकी अपने शब्दों में विचारों के अनुरूप एक व्यापक अवधारणा विकसित करने की कोशिश करें। आपने अभी-अभी जो कुछ पढ़ा है, उसे आप पहले से जो जानते हैं, उससे जोड़ने का प्रयास कीजिए।

समीक्षा : आपने विषय का जितना भाग पूरा कर लिया है, उसका मनोयोगपूर्वक सर्वेक्षण करना ही समीक्षा है। आपके द्वारा जिस निष्पादन की आशा की जाती है, यह उसी की समीक्षा है, न कि आप जो करने जा रहे हैं। दोहराना समीक्षा की प्रक्रिया का एक महत्त्वपूर्ण भाग है। इस दृष्टि के साथ दोहराएँ कि आप यह आकलन करने जा रहे हैं कि इस प्रक्रिया से आप कितने लाभान्वित हुए हैं। **समीक्षा करने का सबसे अच्छा समय वह है, जब आपने किसी विषय का अध्ययन अभी-अभी समाप्त किया है।**

☑ स्मरण-शक्ति बढ़ाने के उपाय

स्वयं को बोझिल न करें। महत्त्वपूर्ण चीजों को भूलना हताशाजनक है, किंतु इसके लिए चिंतित रहना इसे और संकटपूर्ण बना सकता है।

- अपने ऊपर दबाव को न लाएँ। कुंठित करनेवाली चीजों को भूलें, लेकिन इसके बारे में चिंता करें कि यह इसको खराब कर सकती है।
- अवसाद स्मृति एवं चिंतन-क्षमता को प्रभावित कर सकता है। यदि आपको इसका संदेह है तो अपने चिकित्सक से संपर्क करें।
- उपयुक्त भोजन लें और व्यायाम करें। एक दिनचर्या स्थापित करें।
- एक समय में केवल एक ही कार्य करें।
- नोट्स बनाएँ। अपनी स्मृति को उत्तेजित करने के लिए इन्हें उचित स्थानों पर रखें। प्रतिदिन किए जानेवाले कार्यों की एक सूची बनाएँ।
- तनाव और थकान से सतर्क रहें।

☑ सीखने के तुरंत बाद और जल्द पुनः स्मरण करें

हमारे विचार और हमारी यादें, चाहे अच्छी हों या बुरी, हमारे मस्तिष्क में सदैव बनी रहती हैं। हमारी गलतियाँ, परेशान करनेवाली घटनाएँ, झूठी/गलत सूचनाएँ, आशंकाएँ, भय, बचपन, हँसी, प्रेम और सुखद समय आदि सभी कुछ हमारे मस्तिष्क में हमेशा विद्यमान रहते हैं, यद्यपि इच्छानुसार उन्हें पुनःस्मरण करने में हमें कभी-कभी कठिनाई हो सकती है। किसी विषय को दोहराने और फिर अगले दिन पुनःस्मरण करने से हमारे मस्तिष्क में 'स्मृति-चिह्न' बन जाते हैं और यदि इन्हें बार-बार किया गया तो ये स्मृति-चिह्न हमारे मन पर स्थायी रूप से अंकित हो जाते हैं।

वृद्ध जन अकसर ये कहा करते हैं कि पिछले सप्ताह जो कुछ हुआ, उसे याद रख पाने की तुलना में अनेक वर्षों पूर्व की बातें, यहाँ तक कि बचपन की बात भी मुझे अधिक याद रहती है; किंतु इसका अर्थ यह नहीं है कि उनकी स्मृति दोषपूर्ण है। स्मृति जब तक स्वस्थ रहती है तब तक पहले जैसी बनी रहती है। ऐसा केवल इसलिए होता है कि वृद्ध जन अपने जीवन के बीते दिनों को याद करने में प्रसन्नता का अनुभव करते हैं और उन पुरानी घटनाओं व अनुभवों से उन्हें 'भार-मुक्ति' का एहसास होता है। हर बार जब वे ऐसा करते हैं तो उनके पुराने 'स्मृति-चिह्न' पिछले सप्ताह की सामान्य सांसारिक घटनाओं के स्मृति-चिह्नों की तुलना में अधिक गहरे हो जाते हैं। यह एक कल्पित धारणा है कि उम्र के साथ स्मृति और चिंतन-शक्ति कमजोर हो जाती है। शरीर और मस्तिष्क को स्वस्थ बनाए रखने के लिए नियमित रूप से हलके व्यायाम की आवश्यकता पड़ती है, जिससे हृदय की धड़कन थोड़ी तेज हो जाती है और मस्तिष्क सहित शरीर के सभी भागों में रक्त-संचार बढ़ जाता है।

आरंभिक दिनों में ध्यान केंद्रित करने अथवा स्मरण करने की मेरी क्षमता संसार में सबसे खराब थी; किंतु वह सब बड़े ही नाटकीय ढंग से उस समय परिवर्तित हो गई, जब मैंने ध्यान केंद्रित करने एवं स्मरण-शक्ति बढ़ाने के कुछ रहस्यों को ढूँढ़ लिया। मैं अपने बचपन के दिनों के बारे में एक चीज जो अच्छी तरह याद कर सकता हूँ, वह यह है कि मैं कुछ भी याद नहीं रख पाता था। मैं तो कम-से-कम यही सोचता हूँ। मुझे वास्तव में याद नहीं है। गंभीरतापूर्वक कहूँ तो जब मैं बच्चा था तो बहुत कम ही लोग मुझसे खराब स्मरण-शक्ति के होने का दावा कर सकते थे। तिथियाँ, तथ्यों या कोई भी अन्य महत्त्वपूर्ण बात (चाहे वह शैक्षिक हो अथवा नहीं) मेरे लिए स्मरण रख पाना असंभव था। जब मैं किशोर हुआ, तो स्थिति में कुछ सुधार हुआ, किंतु फिर भी मैं चीजों को बहुत अच्छी तरह याद नहीं रख पाता था। मेरी सम्मोहन क्षमताएँ अब भी बहुत परिष्कृत थीं; किंतु मैंने स्मरण-शक्ति बढ़ाने के उपायों के साथ अन्य सुझावों का भी इस्तेमाल करना शुरू किया। जो लोग यह सीख लेते हैं कि स्थिति में परिवर्तन कैसे लाएँ, वे अकसर बड़े नाटकीय ढंग से परिवर्तित हो जाते हैं। सचमुच!

प्रेरणा तरंग : सीखने के उद्देश्य से ही सीखना चाहिए। सीखने की जगह रटने को स्थापित न करें।

मन में रखिए : एक विजेता कभी छोड़ता नहीं है और एक छोड़ने वाला कभी विजयी नहीं होता। कारणों को आप परिवर्तित कर सकते हैं। बहाने आपको परिवर्तित कर देते हैं।

चिंतन क्षेत्र : एक अच्छी पुस्तक की पहचान यह है कि हर बार जब आप उसे पढ़ते हैं तो वह परिवर्तित लगती है।

12
भौतिक शास्त्र की छानबीन कीजिए

भौतिक शास्त्र

भौतिक शास्त्र का संबंध पदार्थ और ऊर्जा के मूलभूत संबंधों से है। उन्नीसवीं शताब्दी में विकसित शास्त्रीय भौतिक शास्त्र विद्युत्, चुंबक, ताप, प्रकाश विज्ञान एवं यंत्र-विज्ञान आदि से संबंधित है; जबकि बीसवीं शताब्दी में विकसित क्वांटम भौतिक शास्त्र इस अवधारणा पर आधारित है कि ऊर्जा अलग-अलग समूहों में विद्यमान रहती है, जिससे हमें अणु और परमाणु तत्त्वों को समझने में सहायता मिलती है।

भौतिक शास्त्र पर टिप्पणी

भौतिक शास्त्र एकमात्र ऐसा विषय है, जो संसार को जीवन के सभी क्षेत्रों में पीड़ा से एक उपचारालय, एक शरण स्थली और आनंद प्रदान करनेवाले एक स्थान के रूप में बदल देता है। आधुनिक संसार में हम बिजली पर अधिकाधिक रूप से आश्रित हैं। दूरसंचार से लेकर जिन उपकरणों का हम इस्तेमाल करते हैं उन

सभी में बिजली का उपयोग होता है। विद्युत्-चुंबकीय पारस्परिक क्रियाओं से संचालित जेनरेटर, ट्रांसफार्मर, मोटर आदि यंत्रों के उपयोग से विद्युत्-धारा हमें लंबी दूरी तक, उस स्थान पर जहाँ उसकी आवश्यकता है, ऊर्जा को स्थानांतरित करने में सहायता करती है। दैनिक जीवन में हम जिन उपकरणों पर निर्भर हैं, वे माइक्रो-इलेक्ट्रॉनिक यंत्रों द्वारा नियंत्रित होती हैं—टेलीफोन, रेडियो, टेलीविजन, ट्रैफिक लाइट, घरेलू उपकरणों जैसे वाशिंग मशीन व फ्रिज, यातायात व्यवस्था में उपयोग की जानेवाली सभी प्रकार की नियंत्रण व्यवस्थाएँ, रेलवे सिग्नल व्यवस्था और हवाई जहाजों का नियंत्रण आदि के बारे में जरा सोचिए। इन सबसे ऊपर, उपयोग किए जा रहे सभी कंप्यूटर उपकरण भी हैं।

विज्ञान के संसार में कृत्रिम चुंबकीय क्षेत्र की एक अनिवार्य भूमिका है। एक भौतिक विज्ञानी द्वारा सब-एटॉमिक कणों के मूलभूत बनावट की छानबीन करने के लिए इस्तेमाल किया जानेवाला अणुगतिवर्धक अत्यंत महत्त्वपूर्ण उपकरणों में एक है। सन् 1831 में फैराडे ने एक विद्युत्-चुंबकीय पिंड द्वारा दूसरे में विद्युत् या चुंबक उत्पन्न करने की तकनीक खोज निकाली, जिससे उन्हें चुंबकीय संबंधों में परिवर्तन करके विद्युत् ऊर्जा को एक चक्र (सर्किट) से दूसरे में स्थानांतरण करने में सफलता मिल गई। इस खोज से विद्युत् ऊर्जा उत्पन्न करना और उसे वितरित करना फैराडे के लिए संभव हो गया। अग्निशमक, पुलिस और एंबुलेंस सेवा आदि सभी को सूचना मिलने पर त्वरित काररवाई करनी पड़ती है और अकसर इसका अर्थ होता है कि गाड़ी जितना संभव हो, भीड़ के बीच उतनी तेज चलाई जाए, ताकि दुर्घटना के स्थान पर जल्द पहुँचा जा सके। तीव्र गति की रेलगाड़ियों में इस्तेमाल की जानेवाली तकनीक घर्षण में कमी करके ईंधन के खर्च में कमी करती है। हवा के साथ घर्षण कम रखा जाता है, जबकि रेल-पथ (ट्रैक) के साथ घर्षण को सुरक्षा कारणों से काफी ऊँचे स्तर पर रखा जाता है। एक तेज गति से चलनेवाली आधुनिक गाड़ी, जिसमें वायुरोध कम होता है, उसी प्रकार का बल अनुभव करती है, जिससे हवाई जहाज उड़ाना संभव होता है—वायुगतिकीय उत्थापन (एयरोडायनेमिक लिफ्ट)।

लंबी कूद में सफलता शरीर की उपयुक्त बनावट, श्रमसाध्य प्रशिक्षण और स्वाभाविक निपुणता के मिश्रण से ही मिलती है। अधिकतम दूरी तक पहुँचने के लिए प्रक्षेपण कोण (प्रोजेक्शन एंगिल) 45 डिग्री होना चाहिए। अत्यंत क्षतिकारक क्षमता-वाली सबसे शक्तिशाली प्राकृतिक यांत्रिक लहरें भूकंप-जनित होती हैं। एक ऊँची इमारत को गिरने से बचाना काफी मुश्किल होता है, किंतु फ्लाईओवर को गिरने से

बचाने में भौतिक-विज्ञानी की चतुराई विशेष रूप से सहायक सिद्ध हुई है।

जीवन ऐसी रासायनिक प्रतिक्रियाओं पर आधारित है, जो तापक्रम की एक सीमित दूरी के अंदर ही संभव है, तापक्रम की ऐसी सीमित दूरियाँ पृथ्वी पर अधिकांश स्थानों पर उपलब्ध हैं, किंतु ये तापक्रम अकसर मनुष्य के लिए अनुकूल नहीं होते। उस ऊर्जा के बारे में सोचिए, जिसे हम अपने घरों या कार्यस्थलों को एक आरामदायक स्तर तक गरम या ठंडा करने के लिए इस्तेमाल करते हैं। तापीय प्रभाव कुछ उपकरणों के काम करने के लिए महत्त्वपूर्ण हैं, जैसे स्टीम टरबाइन, पेट्रोल इंजन और डीजल इंजन। ताप और कार्य के संबंधों को ताप-गति विज्ञान (थरमोडानेमिक्स) में एक जगह लाया गया है।

ऑप्टिकल लेंस जैसे कैमरा, व्यूफाइंडर, फोटोकॉपियर, टेलिस्कोप अथवा माइक्रोस्कोप आदि में इस्तेमाल किए गए लेंस हमें एक बड़े क्षेत्र में फैली वस्तुओं को देखने में सहायता करते हैं। माइक्रोलेंस का उपयोग पोर्टेबल लैपटॉप कंप्यूटर की 'लिक्विड क्रिस्टल डिस्प्ले स्क्रीन' (एल.सी.डी) पर आकृतियों को उत्पन्न करने के लिए किया जाता है। संचार क्रांति के कारण बीसवीं शताब्दी को 'संचार युग' के नाम से याद किया जाएगा। आज स्कूल के लड़के और लड़कियाँ भी वीडियो सहित मोबाइल फोन का उपयोग कर रहे हैं। आजकल जब सामूहिक संगीत का कार्यक्रम स्टेज पर हो रहा होता है, तब इलेक्ट्रॉनिक इंजीनियरिंग की प्रगति के कारण उन्हें बहुत से तार और स्पीकर नहीं लगाने पड़ते, यहाँ तक कि संगीतज्ञों को भी श्रवण-क्षति के कारण अब कष्ट उठाने की आवश्यकता नहीं होती, क्योंकि वे अपने ध्वनि-स्तर को नियंत्रित कर सकते हैं।

एक समग्र दृष्टि

छात्रों में भौतिक शास्त्र एक विषय के रूप में कठिन समझा जाता है; किंतु एक बार इसमें रुचि उत्पन्न हो जाए, तो यह विषय प्रिय लगने लगता है। अन्य छात्रों की तरह आप भी इस विषय की नई शब्दावली और समीकरणों से आक्रांत हो सकते हैं। प्रश्नों का समाधान करने का व्यापक अनुभव न होने के कारण पाठ्य-पुस्तकों और कक्षाओं से प्राप्त सूचनाओं का भौतिक शास्त्र के वास्तविक प्रश्नों के समाधान में इस्तेमाल करते समय आप खोया-सा अनुभव कर सकते हैं। मैं आशा करता हूँ कि यह पुस्तक आपकी सहायता करेगी। इसकी रचना इस प्रकार की गई है कि जब आप स्वयं को बौना समझने लगें और फॉर्मूला एवं अन्य विशिष्ट विवरणों को उनके आधारभूत सिद्धांतों को समझे बिना ही रटने लगें तो

यह पुस्तक कठिनाइयों से उबारने में आपकी मदद कर सके। यह समझना जरूरी है कि भौतिक शास्त्र ज्ञान का ऐसा क्षेत्र है, जो प्रश्नों के समाधान पर आधारित है। आपको इस तथ्य पर ध्यान देना चाहिए कि भौतिक शास्त्र में आपसे समस्याओं का समाधान करने की आशा की जाती है।

पाठ्यक्रम पर बने रहने के उपाय

इन उपायों और सुझावों को ध्यान में रखकर किए गए अध्ययन में, पाठ्य-पुस्तक के सामान्य अध्ययन की अपेक्षा, अधिक समय और श्रम लग सकता है; किंतु भौतिक शास्त्र की बेहतर समझ के साथ जब आप प्रश्नों का समाधान करेंगे तो आपका समय बचेगा और परीक्षा के दौरान आपका आत्मविश्वास भी अधिक रहेगा।

एक बार जब आप अध्ययन में पिछड़ जाते हैं तो अपूरित भाग को पूरा कर पाना बड़ा कठिन होता है। यदि आप इस सुझाव की अनदेखी करके पिछड़ ही जाते हैं और यदि अपूरित कार्य को पूरा करने के लिए पर्याप्त समय भी नहीं निकाल पाते तो छूटे हुए पाठ्यक्रम-सामग्री के मुख्य-मुख्य तथ्यों को अच्छी तरह समझ लें और वर्तमान पाठ्य-सामग्री का ध्यानपूर्वक विस्तृत अध्ययन करें।

- व्याख्यानों में उपस्थित होने के पूर्व विषय को पढ़ लें। इस प्रकार आपको प्रवक्ता द्वारा कही गई बातों का नोट नहीं बनाना पड़ेगा, क्योंकि कुछ सामग्री तो आप पहले से ही समझे हुए होंगे और कुछ के बारे में आप जान लेंगे कि उन्हें आपकी पाठ्य-पुस्तक में बेहतर तरीके से दिया गया है।
- अपने सहपाठियों के सहयोग से विभिन्न समूह बना लें और उनका इस्तेमाल विचार-विमर्श, समस्याओं से संबंधित सुझावों को प्राप्त करने एवं साहचर्य के लिए करें। वर्ग के समक्ष अपने विचारों को रखें और उनके विचारों को ग्रहण करें। अपने अध्ययन समूह को अवलंब के रूप में इस्तेमाल न करें।
- रटें नहीं। लगभग सभी स्थितियों में रटने की प्रवृत्ति इस तथ्य को इंगित करती है कि विषय को अच्छी तरह समझा नहीं गया है। दूसरे शब्दों में, 'यह समीकरण $F = ma$ आसानी से याद किया जा सकता है, किंतु इसे इस्तेमाल करना कठिन है और समझना उससे भी अधिक कठिन।'

भौतिक शास्त्र की पाठ्य-पुस्तक को पढ़ना

मूल पाठ को पढ़ना और उसमें दिए गए प्रश्नों का समाधान करना एक नियमित कार्यक्रम है। प्रश्न हमें उत्तर की ओर प्रवृत्त करते हैं, जो फिर नए प्रश्नों की ओर ले जाते हैं। अकसर किसी एक मूल सिद्धांत के परिणामों पर पूरा पाठ ही समर्पित होता है। आपको इन मूल सिद्धांतों को ध्यानपूर्वक समझ लेना चाहिए।

- सक्रिय रूप से मन में प्रश्नों के साथ पढ़ें। भौतिक शास्त्र को निश्चेष्ट रूप से पढ़ना समय बरबाद करना है। पुस्तक के पास एक पेंसिल और कागज रखकर पढ़ें, ताकि आप अपने प्रश्नों को लिख सकें और नोट बना सकें।
- समय-समय पर रुकें और महत्त्वपूर्ण बिंदुओं पर वापस जाएँ। आपने जितना पढ़ लिया है, उसे पुनः स्मरण करें। पढ़ते समय आपके ध्यान में ऐसे अंश, समीकरण और विचार आएँगे, जो दिए हुए प्रश्नों पर सीधे तौर से लागू होते हैं। सक्रिय पठन में यह भी निहित है कि जो पढ़ा जा रहा है, उसकी संभावनाओं को ढूँढ़ निकाला जाए।

भौतिक शास्त्र की कक्षा में प्रभावी सहभागिता

यह जरूरी है कि आप कक्षा के लिए पूरी तरह से तैयार हों, ताकि पाठ्य-सामग्री का उचित आकलन करके उसका संपूर्ण लाभ प्राप्त कर सकें।

- संबंधित पाठ की प्रस्तावना और उसके सारांश को पढ़ें, विभिन्न अंशों के शीर्षकों एवं उपशीर्षकों पर भी ध्यान दें। विषय को अंतर्निहित करते हुए मन में अपने प्रश्नों को निर्मित कर लें।
- रेखांकनों और चित्रों की ध्यानपूर्वक छानबीन करें। यह सुनिश्चित करने का प्रयास करें कि वे किन सिद्धांतों को प्रदर्शित करते हैं।
- नए शब्दों, नई इकाइयों/मापों, सामान्य नियमों और अन्य नई अवधारणाओं के संबंध में नोट बनाएँ।

कक्षा में

कक्षा में समय से आएँ और अंत तक रहें। शिक्षक अकसर उपयोगी संकेतों को व्याख्यान के प्रारंभ में अथवा अंतिम क्षणों में लेते हैं। दुर्भाग्य से यह वह समय है, जब अनेक लोग व्याख्यान को मन लगाकर नहीं सुन रहे होते हैं। अच्छी तरह नोट बनाएँ। कुछ शब्द-संक्षेप बनाना और उन्हें कक्षा में नोट बनाने के दौरान

इस्तेमाल करना सहायक होता है। बाद में टिप्पणी के लिए पर्याप्त हाशिया छोड़ें।

- जब आप रेखाचित्रों की नकल कर रहे हों तो ध्यानपूर्वक बनाई गई कलाकृति की तरह ही उसकी पूर्णता पर नजर रखें। बोर्ड पर जो बनाया गया है, आप सिर्फ उसकी नकल न करें, बल्कि शिक्षक द्वारा उस रेखाचित्र के बारे में जो महत्त्वपूर्ण टिप्पणियाँ मौखिक रूप से की गई हैं, उन्हें भी नोट करें।
- यदि आप नोट बनाने में पिछड़ जाएँ तो कॉपी में स्थान छोड़कर आगे बढ़ें। आप इस नोट को अपने किसी सहपाठी की मदद से अथवा पाठ्य-पुस्तक से बाद में पूरा कर सकते हैं।
- प्रश्न पूछें। अपने शिक्षक से प्रश्नों को पूछने में संकोच न करें।

कक्षा के बाद

- कक्षा के तुरंत बाद अथवा जितनी जल्दी संभव हो, अपने नोट का पुनरवलोकन करें और उसका संपादन करें। उसे पुन: लिखने की आवश्यकता नहीं है। वास्तव में आपको नोट में दिए गए महत्त्वपूर्ण विचारों और प्रमुख विषयों के आपसी संबंधों पर ध्यान देना चाहिए। इन्हें हाशिए पर संक्षिप्त करें अथवा यदि आपने नोट कागज के केवल एक ओर ही लिखा है तो सारांश दूसरी ओर भी लिख सकते हैं। इस समय आप अपने नोट में एक रूपरेखा जोड़ना चाहेंगे और उसे अपनी पाठ्य-पुस्तक से मिलाकर नोट की अपूर्णताओं को दूर करना भी पसंद करेंगे।
- जब आप अपने नोट की समीक्षा कर रहे होते हैं, तो कुछ प्रश्न आपके मस्तिष्क में आ सकते हैं। इन प्रश्नों का समाधान आप अपने शिक्षक से अथवा अपने मित्रों से चर्चा करके प्राप्त कर सकते हैं।

भौतिक शास्त्र के प्रश्नों का उत्तर प्रस्तुत करने का तरीका

अन्य छात्रों की तरह भौतिक शास्त्र के प्रश्नों के संदर्भ में आप एक अनभ्यस्त समाधानकर्ता हो सकते हैं। प्रश्नों का प्रभावी और विशेषज्ञतापूर्ण समाधान निम्नलिखित प्रश्नों के उत्तरों को समाहित करता है—

- समस्या क्या है ?
- मुझे क्या पता लगाने के लिए कहा गया है ?

- मुझे किन सूचनाओं का इस्तेमाल करना है? कौन से सिद्धांत लागू होते हैं?
- समतुल्य स्थितियों के बारे में मैं क्या जानता हूँ?
- इस सूचना का प्रयोग प्रश्न के समाधान में मैं किस प्रकार कर सकता हूँ?

इस खंड का उद्‌देश्य एक दक्ष समाधानकर्ता बनने में आपकी सहायता करना है—

1. यह सुनिश्चित करें कि कौन सा सामान्य सिद्धांत आपके द्वारा खोजी जा रही मात्रा से अपेक्षित समष्टि (पैरामीटर) के अनुरूप है। सामान्यतः आपका मानस-चित्र सही तकनीक एवं सूत्रों को स्पष्ट कर देगा; किंतु कभी-कभी उचित सूत्रों के चयन के पूर्व अपनी पाठ्य पुस्तक अथवा नोट्स से कुछ सूचनाएँ प्राप्त करना जरूरी हो जाता है।
2. एक दूसरा स्वरूप तैयार करें, जो समायोजन प्रणाली और समीकरण से संबद्ध किए जानेवाले आँकड़ों के मूल का मिलान करने में इस्तेमाल किया जाएगा। कुछ स्थितियों में यह दूसरा स्वरूप भौतिक स्थिति के एक चित्र की अपेक्षा एक ग्राफ, एक फ्री बॉडी डायग्राम अथवा वेक्टर डायग्राम हो सकता है।
3. दिए हुए मूल्यों का इस्तेमाल करते हुए गणना प्रारंभ से करें, ताकि अंतिम परिणाम पर पहुँचने के पूर्व बीजगणित से प्रत्येक मध्यवर्ती चरणों में संख्यात्मक मूल्यों को प्राप्त किया जा सके।
4. जब आप भौतिक शास्त्र का अध्ययन प्रारंभ करते हैं तो संख्याओं को स्थापित करके प्रश्नों के समाधान का अनुभव प्राप्त करें, किंतु धीरे-धीरे आत्मविश्वास बढ़ जाने पर आप नियमानुसार ही प्रश्नों को हल करें।
5. अपने समाधान की आलोचना करें—अपने आपसे पूछें, "क्या यह तर्कपूर्ण है?" अपने समाधान को उपलब्ध उदाहरणों से मिलाएँ। एक अनुमानित गणना करके आप अकसर स्वयं ही अपने परिणामों की जाँच कर सकते हैं। कई बार गणना में त्रुटि के कारण परिणाम स्पष्टतः गलत निकलते हैं। जाँचने के लिए कैलकुलेटर का इस्तेमाल करें और इकाइयों की जाँच भी अवश्य कर लें।
6. परीक्षा में एक निश्चित समय-सीमा के अंदर आपको प्रश्नों को हल करना पड़ता है। इसलिए अपनी गति तेज करने और आत्मविश्वास

बढ़ाने के लिए प्रश्नों को जल्दी हल करने का अभ्यास करें।

'सही समीकरण' ढूँढ़ने के लिए अपनी पुस्तक न पलटें। एक उपयुक्त समीकरण प्राप्त कर उसमें संख्याओं को भरकर आप अपने प्रश्न को हल नहीं कर पाएँगे।

☑ परीक्षा की प्रभावशाली तैयारी

यदि आपने इस पुस्तक में दिए गए सुझावों के अनुरूप अपना अध्ययन सक्रिय रूप से किया है तो आपके लिए परीक्षा की तैयारी करना बहुत कठिन नहीं होगा। सदैव याद रखिए—भौतिक शास्त्र और इसलिए भौतिक शास्त्र की परीक्षा में समस्याओं का समाधान करना निहित है। इसलिए समस्याओं को हल किए जाने पर जोर दिया जाना चाहिए। इस संबंध में कुछ सिद्धांत दिए जा रहे हैं—

1. परीक्षा के एक सप्ताह पूर्व अपने नोट्स का पुनरवलोकन करें और संपूर्ण पाठ्य-विषय की रूपरेखा को पुनः दोहरा लें। इस समय आपका लक्ष्य यह सुनिश्चित करना होना चाहिए कि जिन चीजों पर विशेष जोर दिया गया है, उन्हें आप अच्छी तरह जानते हैं। गृह कार्य के रूप में अभ्यास के लिए हल किए गए प्रश्नों के समाधान को पुनः पढ़ लें। याद रखें कि यदि ये प्रश्न पूरी तरह से हल किए गए हैं तो संबंधित सिद्धांतों एवं नियमों का भी उल्लेख उनमें किया गया है। निर्धारित अध्यायों का पुनरवलोकन भी कर लें।
2. पिछली परीक्षाओं के प्रश्नपत्र/नमूने उपलब्ध हैं, उन्हें भी देखिए; किंतु यह न समझ लें कि इस बार भी प्रश्न-पत्र में पिछले जैसे प्रश्न ही होंगे। इस समय अन्य प्रश्नों पर ध्यान देना भी निश्चित रूप से लाभकारी होता है।
3. सक्रिय रूप से पुनरवलोकन करें, उन प्रश्नों के हल का भी पुनरवलोकन कर लें, जिन्हें आपने स्वयं 'टेस्ट' के लिए तैयार किया है और जिनमें विभिन्न सिद्धांतों के मिश्रण मौजूद हैं। आपको यह भी सुनिश्चित कर लेना चाहिए कि आप प्रश्नों को अपने नोट्स अथवा पाठ्य-पुस्तक को बिना देखे ही अब हल कर सकते हैं।
4. याद रखिए कि परीक्षा में अनेक प्रकार के प्रश्न पूछे जाएँगे। परीक्षा के बाद आप पीछे मुड़कर देखना पसंद करेंगे और कहना चाहेंगे, ''मैं 'फ्रिक्शन' के प्रश्नों को हल करना अच्छी तरह जानता हूँ। यद्यपि उन्हें

जटिल तरीके से पूछा गया था, फिर भी मैंने उन्हें पहचान लिया और उन्हें हल कर सका।''

प्रेरणा तरंग : आज हम एक प्लेटो के बिना रह सकते हैं, किंतु प्रकृति के रहस्यों को ढूँढ़ निकालने और जीवन के साथ प्रकृति के नियमों का सामंजस्य बैठाने के लिए हमें दोहरे अंकों में न्यूटनों की जरूरत है।

मन में रखिए : भौतिक शास्त्र एक ऐसा विषय है, जो संसार को बदल देता है।

चिंतन क्षेत्र : हम उस बच्चे को आसानी से क्षमा कर सकते हैं, जो अंधकार से डरता है। जीवन की वास्तविक विपत्ति तब उत्पन्न होती है जब एक वयस्क प्रकाश से डरता है।

□

13

रसायनशास्त्र की रचना कीजिए

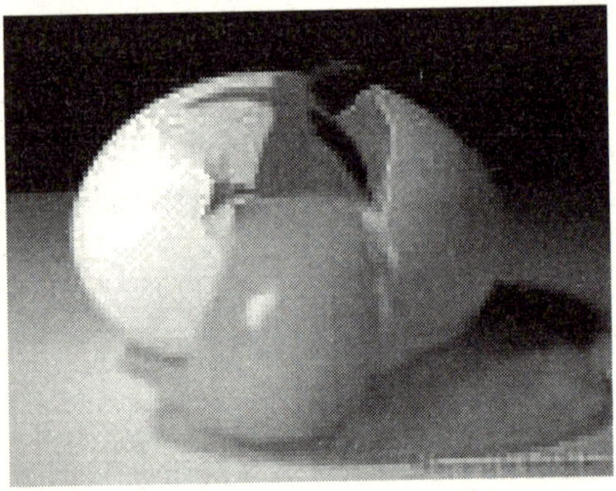

रसायनशास्त्र

रसायनशास्त्र का संबंध पदार्थों की संरचना और उनकी पारस्परिक अभिक्रियाओं से है। इसे तीन भागों—कार्बनिक, अकार्बनिक और भौतिक रसायनशास्त्र में बाँटा गया है। कार्बनिक रसायनशास्त्र का व्यवहार धातुओं के कार्बोनेट्स, ऑक्साइड्स और सल्फाइड्स को छोड़कर कार्बन के अन्य सभी यौगिकों से है। अकार्बनिक रसायनशास्त्र का संबंध कार्बन के यौगिकों से न होकर तत्त्वों और उनके यौगिकों से है। भौतिक रसायनशास्त्र का प्रयोग भौतिक मापन एवं रासायनिक मापन के नियमों के संदर्भ में किया जाता है।

हमारे जीवन में रसायनशास्त्र की भूमिका

रसायनशास्त्र के अंतर्गत हम रसायनों को समझने का प्रयास करते हैं। हम जो भी देखते, स्पर्श करते, सूँघते या चखते हैं, वह सबकुछ रसायनों से बना होता

है। हममें से अनेक लोग एक शताब्दी पूर्व की अपेक्षा अब अधिक समय तक आराम से जीते हैं, क्योंकि अब कई रसायनों का हम उत्पादन करते हैं, जैसे खाद हमें अधिक अनाज पैदा करने में सहायता करते हैं, औषधियाँ हमारे रोगों पर विजय प्राप्त करती हैं, पॉलिमर्स हमारे लिए कपड़े तैयार करते हैं और ईंधन हमें गरम रखते हैं तथा हमारे यातायात का संसाधन बनते हैं। हमारे शरीर के सभी भाग रसायनों से बने हुए हैं, कोशिका नाभिक के डी.एन.ए. से लेकर प्रोटीन एंजाइम तक, जो लगभग सभी प्रतिक्रियाओं को उत्प्रेरित करते हैं और जिससे हमारा अस्तित्व ही पोषित होता है।

रसायन-शास्त्रियों ने हमारे संसार को बदल दिया है। उन्होंने रसायनों के गुणों को समझकर हमारे जीवन के लगभग सभी पहलुओं को ही रूपांतरित कर दिया है और इस प्रक्रिया में लाखों नए रसायनों का सृजन भी किया है। कंप्यूटर, टेलीफोन और टेलीविजन एवं दूरसंचार तथा सूचना की क्रांति के केंद्र में रहनेवाले अनेक उपकरणों का रसायनविदों द्वारा विकसित और उत्पादित पदार्थों के अभाव में उद्भव ही संभव नहीं होता। रसायनविज्ञ अब उन परमाणुओं की खोज प्रारंभ कर रहे हैं, जिन्हें एक कंप्यूटर की उस स्मृति की तरह इस्तेमाल किया जा सकेगा, जो 'ऑन' या 'ऑफ' करने की स्थितियों के बीच द्वि-आधारी सूचनाओं को संचित करते हैं।

प्रत्येक भाग के लिए भिन्न-भिन्न गुणोंवाले विभिन्न प्रकार के तत्त्वों की आवश्यकता पड़ती है। यह रसायनज्ञों का कार्य है कि किसी विशिष्ट आवश्यकता के अनुरूप वह यौगिकों का शोधन और संतुलन करें। किसी जैविक क्रियाशीलता के लिए उपयुक्त यौगिक प्राप्त करने के पूर्व हजारों यौगिकों की छानबीन करनी पड़ती है। इन दिनों कार में अतिरिक्त सुरक्षा के लिए एयरबैग का इस्तेमाल सुपरिचित है; परंतु दुर्घटनाएँ बहुत जल्दी हो जाती हैं। ऐसी स्थिति में एयरबैग किस प्रकार समय पर फूलकर चालक को आघात से बचाता है ? यह बहुत जल्दी गैस उत्पन्न करनेवाली रासायनिक प्रतिक्रिया से बैग के फूल जाने के कारण संभव होता है।

पाषाण युग, लौह युग और कांस्य युग ऐतिहासिक काल हैं, जिनमें मनुष्य ने विशिष्ट पदार्थों का दोहन प्रारंभ किया और अपने जीवन में बहुत कम समय में ही काफी सुधार किया। तेल का प्रभाव हमारे जीवन में सर्वाधिक पड़ा है। इक्कीसवीं शताब्दी की समाप्ति के पूर्व ही संसार में तेल के भंडारों के समाप्त होने की आशंका है किंतु उस समय तक ऊर्जा के अन्य स्रोतों को विकसित कर लिया जाएगा। एक संभावना पानी से प्राप्त किए जानेवाले हाइड्रोजन की है। हाइड्रोजन के अनेक लाभ हैं। जब यह जलता है तो इससे कोई हानिकारक पदार्थ उत्पन्न नहीं

होता। यह गैस या पेट्रोल की तुलना में प्रति ग्राम अधिक ऊर्जा देता है। इसके अलावा इसे ऊर्जा के रूप में इस्तेमाल करने के लिए वर्तमान कार के इंजन में बहुत मामूली परिवर्तन करने होंगे। औद्योगिक रूप से बहुत महत्त्वपूर्ण कार्बनिक अणुओं में एक है बेंजीन। इसका इस्तेमाल पेट्रोकेमिकल्स, जो कि घुलनशील (सालवेंट) हैं, शोधकों (डिटरजेंट्स), कीटनाशक दवाओं, रंजक वस्तुओं और बहुलकों (पॉलिमर्स) में होता है।

एक भीषण दुर्घटना के बाद जैसे किसी निर्जन क्षेत्र में हवाई जहाज के गिरने से घायल लोगों को रक्ताधान कठिन परिस्थितियों में करना पड़ सकता है; किंतु रक्त चढ़ाने के पूर्व घायल व्यक्ति के रक्त-वर्ग को पहचानने और मेल कराने का समय उपलब्ध हो सकता है। आदर्श रूप से बचाव टीम को एक ऐसे सिंथेटिक रक्त-प्रतिस्थापक की आवश्यकता पड़ती है, जो सभी घायलों के लिए उपयुक्त हो और पर्याप्त मात्रा में शरीर के विभिन्न भागों में ऑक्सीजन पहुँचाने का महत्त्वपूर्ण कार्य कर सके। रक्त-प्रतिस्थापक को अक्रिय और अविषाक्त भी होना चाहिए तथा इसे रासायनिक रूप से स्थिर रहना चाहिए।

आप जानते हैं कि जैविक रूप से सक्रिय रसायनों की खोज करने के लिए रसायनज्ञ प्रतिवर्ष हजारों पौधों की छानबीन करते हैं, ताकि उन्हें औषधियों में विकसित किया जा सके। वास्तव में यह आशा की जाती है कि अभी हाल ही में प्रमाणित रसायनों से ऐसी औषधियों को निर्मित करने में सहायता मिलेगी, जो कैंसर, हृदय रोग और एड्स का निदान कर सकेंगी। जिन हार्मोंस का बहुत प्रचार किया गया है, वे निश्चित रूप से 'प्रोजेस्टेरोन' और 'टेस्टोस्टेरोन' हैं, कारण 'सेक्स' है। 'प्रोजेस्टेरोन' स्त्रियों का सेक्स हार्मोन है, जो अंडे के गर्भाधान के बाद गर्भधारण करने के लिए गर्भाशय को तैयार करता है और अंडाशय को और अधिक अंडों को उत्पादन करने से रोकता है। 'टेस्टोस्टेरोन' पुरुषों का सेक्स हार्मोन है, जो लैंगिक विकास, उत्तेजना बढ़ाने और मांसपेशियों की वृद्धि में प्रमुख भूमिका निभाता है। प्रोजेस्टोरोन को टेस्टोस्टेरोन में बदलने के लिए प्रयोगशाला में उत्पन्न साधारण रासायनिक प्रतिक्रिया भी शायद अब हमारे जीवन पर रसायन विज्ञान के प्रभावों का एक चमत्कारक उदाहरण नहीं रह गया है।

सबसे पहले 'एक वैज्ञानिक की तरह सोचिए'। जब आप किसी नए प्रयोग अथवा किसी नई समस्या का सामना करते हैं तो उस विषय पर उपलब्ध समस्त सूचनाओं को एकत्रित करें और उन आँकड़ों की सूची बनाएँ, जो पहले से दी हुई हैं अथवा जिनकी माप करनी है। इससे समस्या का समाधान करने में आपको मदद

मिलेगी। इन सूचनाओं का इस्तेमाल करें और यदि आवश्यक हो तो इनकी समीक्षा भी करें। इस पुस्तक में कुछ तथ्यों को याद कर लेने की सलाह दी गई है, यद्यपि सफलता का मूल आधार सिद्धांतों को समझना ही है।

छात्रों की सामान्य समस्याएँ

- रसायन विज्ञान की कक्षा में बैठे छात्र अकसर अपने शिक्षक को उस समय रोक पाने में विफल रहते हैं, जब वे किसी समस्या या अवधारणा को नहीं समझते। विडंबना यह है कि अन्य कई छात्रों की समस्या भी वैसी ही होती है। इसे अलग मत रखिए और यह आशा न कीजिए कि आप इसे बाद में समझ लेंगे। आप इस पाठ्यक्रम के लिए पैसा दे रहे हैं और आपको अपने प्रश्न पूछने चाहिए।
- एक छात्र के लिए संभवतः सबसे ज्यादा कष्टकारी समय वह होता है, जब वह समस्या का समाधान कर रहा होता है; किंतु सही उत्तर प्राप्त नहीं कर पाता। यह स्थिति दुर्लभ नहीं है। लगभग सभी छात्र पहली बार अपने प्रश्न को गलत ही हल करते हैं। इसके अलावा ये त्रुटियाँ हमें बतलाती हैं कि हमने क्या गलती की है।
- 'मुझे किस शिक्षक से पढ़ना चाहिए?' शिक्षक के कारण आपके परीक्षा परिणामों में काफी अंतर पड़ सकता है। इसलिए आपको रसायन विज्ञान के अपने अग्रवर्ती छात्रों से इस संबंध में जानकारी प्राप्त करनी चाहिए।
- 'मेरे शिक्षक बहुत तीव्र गति से बोलते हैं, जिसके कारण मैं पूरा नोट नहीं बना पाता।' ऐसी स्थिति में सबसे अच्छा तो यह होगा कि कक्षा में एक टेपरिकॉर्डर ले जाकर पूरा भाषण रिकॉर्ड कर लिया जाए। इस बीच आप भाषण सुन सकते हैं और श्यामपट्ट पर हल किए जा रहे प्रश्न पर अपना ध्यान केंद्रित कर सकते हैं।

रसायन विज्ञान के अध्ययन का तरीका

रसायन विज्ञान का पाठ्यक्रम प्रारंभ करने के पूर्व यह सुनिश्चित कर लें कि आप गणित संबंधी आवश्यक निपुणताओं से युक्त हैं। चूँकि रसायन विज्ञान में काफी गणनाएँ निहित होती हैं, इसलिए कक्षा में नियमित रूप से उपस्थित रहना जरूरी है। कक्षाएँ केवल भाषण सुनने के लिए नहीं होतीं, बल्कि यह एक विचार-विमर्श का समय होता है। कक्षा में जाने के पूर्व संबंधित अध्याय अवश्य पढ़ लें।

पुस्तक के अनुरूप अध्ययन करते रहना अनिवार्य है। इससे आपको विषय सरल बनाने के विस्तृत तरीके उपलब्ध होंगे। कृपया प्रश्न पूछने से न हिचकें। स्कूल के समय और उपशैक्षणिक (ट्यूटोरियल) सेवा का लाभ उठाएँ। हम समझते हैं कि यह पुस्तक आपके लिए न सिर्फ रुचिकर, बल्कि लाभकारी भी होगी; परंतु इस पुस्तक में दिए गए सुझावों के अनुरूप अध्ययन करने के लिए आपको पर्याप्त समय और ऊर्जा लगानी पड़ेगी।

✓ परीक्षाओं में प्रश्नों को कैसे हल करें

- परीक्षा में जाने से पहले संपूर्ण संबंधित विषय को एक बार सरसरी तौर पर पढ़ लें और उन सभी सूत्रों, संबंधों, परिभाषाओं आदि को नोट करें, जिन्हें आप अपनी स्मृति में बनाए रखना चाहते हैं।
- परीक्षा में संपूर्ण प्रश्न-पत्र को ध्यानपूर्वक, किंतु यथाशीघ्र पढ़ लें और उन्हें हल करने की एक सामान्य योजना बना लें। इस बीच प्रश्नों को देखते समय यदि कोई विचार आपके मन में तुरंत आता है तो उसे हाशिए पर नोट कर लें।
- अपने निर्धारित समय की भी एक योजना बना लें। अधिक नंबरों वाले प्रश्नों के लिए ज्यादा समय दें। परीक्षा समाप्त होने के पूर्व पुनरवलोकन तथा आकस्मिक स्थितियों के लिए भी समय की व्यवस्था रखें।
- प्रारंभ आसान प्रश्नों तथा उन प्रश्नों से करें, जिन्हें हल करने की पद्धति को आप जल्दी से सुनिश्चित कर सकते हैं। इससे आपकी चिंता में कमी आएगी और स्पष्ट चिंतन करने में सहायता मिलेगी।

✓ परीक्षा में दिए गए प्रश्नों के हल का विश्लेषण

1. टिप्पणियों और सुझावों को पढ़ें।
2. टेस्ट के स्रोत का पता लगाएँ। क्या प्रश्न शिक्षक के भाषण, पाठ्य-पुस्तक अथवा गृहकार्य से दिए गए थे?
3. अपनी त्रुटियों के स्रोत का पता लगाएँ—
   - क्या गलती आपकी लापरवाही के कारण हुई?
   - क्या आपने प्रश्न पढ़ने में गलती की?
   - क्या आप सूत्रों को ठीक ढंग से प्रस्तुत कर सके अथवा उन्हें याद करने में गलती हुई?

प्रेरणा तरंग : सोना और चाँदी अपने पास रखिए, किंतु हमें बुद्धि दीजिए।

मन में रखिए : एक उत्कृष्ट व्यक्ति बनने के लिए आप वह सबकुछ कीजिए, जो कर सकते हैं। भविष्य में श्रेष्ठता के लिए यह आपकी सर्वोत्तम तैयारी है।

चिंतन क्षेत्र : खोज, विकास और प्रयोग सदैव चलता रहेगा...

14
गणित आजमाइए

गणित अंकों, स्थानिक संबंधों एवं स्वयंसिद्ध पद्धतियों का अध्ययन है। आंरभिक दिनों की छानबीन में गणित की शाखाओं के अंतर्गत अंकगणित, रेखागणित और बीजगणित शामिल था। सत्रहवीं शताब्दी में गणित में संभवत: सबसे अधिक उपयोग में लाई जानेवाली बीजगणित की मानक पद्धतियों एवं गणना विधियों (कैलक्युलस) का समावेश किया गया। गणित की स्वयंसिद्ध पद्धतियों का उन्नीसवीं शताब्दी में न सिर्फ विकास प्रारंभ हुआ, बल्कि शास्त्रीय समस्याओं का समाधान करने के लिए इसकी तकनीक में परिपूर्णता भी प्राप्त की गई। बीसवीं शताब्दी में शोध की प्रमुख शाखाओं में अंतर्विभाजन हुआ, जैसे ज्यमिति अब स्थल विज्ञान (टोपोलॉजी), अवकलित (डिफरेंशिएटेड) ज्यामिति, बीजगणित ज्यामिति आदि में विभाजित हुई। इसके अलावा मूल रूप से विशिष्ट समस्याओं से आरंभ होने वाली अमूर्त गणितीय पद्धति विकसित हुई, किंतु अब इसका समूह सिद्धांत के रूप में एक अलग विषय की तरह अध्ययन किया जाता है।

गणित का विकास

गणित एक ऐसा विषय है, जिसके अनेक दूरगामी लक्ष्य हैं। अन्य विज्ञानों की तुलना में गणित को विशेष महत्त्व दिए जाने का एक कारण यह है कि इसके नियम पूर्णतः सुनिश्चित और अकाट्य हैं, जबकि दूसरे विज्ञानों के नियम कुछ हद तक विवादास्पद होते हैं और नए अन्वेषित तथ्यों द्वारा उनके पलटे जाने का खतरा बराबर बना रहता है।

मिस्र के निवासियों सहित अनेक प्राचीन सभ्यताओं में लोगों ने अंकों का एक विज्ञान के रूप में अध्ययन किया और अपनी खोजों को लिखित किया। भारत में गणित अधिकांशतः ज्योतिष शास्त्र (ऐस्ट्रोनॉमी) की समस्याओं पर केंद्रित था। गणात्मक और अपरिमेय अंकों (इरैशनल नंबर्स) का उपयोग किया गया। हाँ, भारत 'शून्य' की अवधारणा विकसित करने के लिए विख्यात है, जो मिस्र की परंपरा के माध्यम से पश्चिम के गणित तक पहुँचा और आज अंकों की आधुनिक दशमलव प्रणाली में इसका महत्त्वपूर्ण स्थान है। आधुनिक प्रणालियों के दो प्रमुख स्रोतों में ग्रीस के दार्शनिक, गणितज्ञ और ज्योतिषी पाइथागोरस का नाम उल्लेखनीय है (जिन्हें अंक विज्ञान का जनक भी कहा जाता है), जिनका जन्म 580 ईसा पूर्व हुआ था एवं 'ओल्ड टेस्टामेंट' पर आधारित प्राचीन यहूदी परंपरा के हेब्रू कब्बाला थे। पाइथागोरस ने यह सुझाव दिया था कि सबसे शक्तिशाली अंकों में विषम संख्याएँ पौरुषी (मैस्क्युलिन) हैं और कम शक्तिशाली सम संख्याएँ स्त्रीवाची हैं। बीजगणित केवल रैखिक समीकरणों का समाधान करने तक ही विकसित हुआ था और निस्संदेह इससे पिरामिड के आयतन की भी गणना की जाती थी। सत्रहवीं शताब्दी में जोहांस कैप्लर ने संगीत और गणित को संबद्ध किया तथा बीसवीं शताब्दी में कीरो ने अंकगणित का उपयोग सामान्य विचारों की भविष्यवाणी करने में किया।

विस्तार-रहित विशुद्ध स्थान के रूप में एक बिंदु (पॉइंट) वस्तुतः उस विचार का अमूर्तीकरण है, क्योंकि एक बिंदु का भौतिक अस्तित्व हो ही नहीं सकता, किंतु एक डॉट (dot) बिंदु से अलग है, क्योंकि 'डॉट' में विस्तार (extension) होता है और यह स्थान को अति निकट प्रदर्शित करता है। फिर भी, चूँकि उन्हें देखा जा सकता है, इसलिए हम डॉट्स (dots) का इस्तेमाल उन बिंदुओं (points) को अभिव्यक्त करने के लिए करते हैं, जिन्हें नहीं देखा जा सकता। रेखाएँ, समतल और वृत्त भी अमूर्त विचार ही हैं।

उस समय की अत्यंत उत्तेजनापूर्ण प्रगतियों में से एक सन् 1614 में जॉन नेपियर द्वारा लघु गणक (लॉगरिद्म्स) का सूत्रपात था, किंतु दो महत्त्वपूर्ण विचारों

में पहला डेकार्टे द्वारा खोजा गया विश्लेषणात्मक ज्यामिति (Analytical Geometry) अथवा बीजगणित पर आधारित ज्यामिति और दूसरा समकालिक, परंतु स्वतंत्र रूप से न्यूटन और लेब्निज द्वारा अन्वेषित गणना-विधि (कैलक्युलस) का प्रादुर्भाव था। कैलक्युलस को केंद्र में रखकर निरंतर विस्तारित होनेवाले ज्ञान के भंडार को आकार मिलने लगा। अठारहवीं शताब्दी में गणित की सीमाओं के अंतर्गत अवकल समीकरण (डिफरेंशियल इक्वेशंस), अनंत शृंखलाएँ (इनफाइनाइट सीरीज), ग्रह-कक्षाओं का अध्ययन, अंकों का सिद्धांत, बीजगणित के समीकरणों का समाधान, संभावना (प्रोबेबिलिटी) का सिद्धांत और जटिल अंकों का अध्ययन शामिल हो चुका था।

जोसेफ लुइस लैगरेंज (1736-1813) ने बीजगणित के समीकरणों एवं ग्रह-कक्षाओं के संबंध में हमारे ज्ञान को बहुत अधिक बढ़ाया। दूसरा महान् फ्रांसीसी गणितज्ञ था पियरे सिमॉन डि लैपलेस (1749-1827), जिसने संभावना (प्रोबेबिलिटी) के सिद्धांत में प्रमुख योगदान दिया। लैपलेस ने गणित को एक संसाधन के रूप में इस्तेमाल किया, जबकि लैगरेंज ने इसे कविता की तरह अत्यधिक सौंदर्य की वस्तु समझा तथा उसने गणित का निर्माण एक लक्ष्य की तरह किया। एक अन्य गणितज्ञ डी' अलेंबर्ट (1717-1783) था, जिसने अवकलन समीकरण (डिफरेंशियल इक्वेशंस), अनुक्रम और शृंखला (सीक्वेंस ऐंड सीरीज), बल विज्ञान (मेकैनिक्स) और खगोल विज्ञान के क्षेत्रों में महत्त्वपूर्ण कार्य किया।

इयुलर ने आज के सुपरिचित अंकन पद्धतियों में से परिवर्तनशील संख्या एवं अन्यों के लिए अनेक का सूत्रपात किया, जिनमें e, log, sin x, cos x, f (x) शामिल हैं। 'नॉन इयुक्लिडियन ज्योमेट्री' ज्यामितियों का वह अध्ययन है, जो इयुक्लिड के स्वयंसिद्ध परिवर्तनों के परिणामस्वरूप विकसित हुआ। सांख्यिकी (स्टैटिस्टिक्स) को आज हम जिस रूप में जानते हैं, उसे कार्ल पियर्सन (1857-1936) ने स्थापित किया था।

बीसवीं शताब्दी के प्रारंभ तक गणित का विस्तार इतना व्यापक हो चुका था, उसका सारांश प्रस्तुत करना यहाँ संभव नहीं है। इक्कीसवीं शताब्दी में पहुँचकर रात्रिकालीन समाचार के दौरान व्यावहारिक ज्योतिष का आगमन इस बात को स्पष्ट करता है कि वैज्ञानिकों और ज्योतिषियों ने आनेवाले समय की किस प्रकार भविष्यवाणी की है। क्या वैज्ञानिक कभी भी आनेवाले संकटों की भविष्यवाणी कर पाएँगे अथवा क्या हम सदैव अनिश्चितता की कृपा पर ही रहकर अगले तूफान, महामारी अथवा आर्थिक मंदी द्वारा अपने जीवन पर होनेवाले वज्रपात की प्रतीक्षा करते रहेंगे?

अनेक युक्तियों में निपुणता प्राप्त करना गणित है

गणित अन्य विषयों से भिन्न है। इसका संबंध ज्ञान और विषय-वस्तु की अपेक्षा युक्तियों से अधिक है। अनेक प्रकार की युक्तियों में निपुणता प्राप्त करना और उनका प्रश्नों को हल करने में उपयोग करना गणित की विशिष्टता है। गणित में आप जो सीख रहे हैं, उसे अच्छी तरह समझना जरूरी है। एक बार जब आपने एक अवधारणा को समझ लिया है तो उससे संबंधित विभिन्न प्रश्नों को हल करने का अभ्यास करना जरूरी है।

1. **गृह कार्य और अध्ययन एक ही चीज नहीं है :** आपके शिक्षक द्वारा प्रतिदिन अभ्यास के लिए दिया गया कार्य ही गृह कार्य है। आपने जो विशेष चीज सीखी है, इस अभ्यास से वह आपके मस्तिष्क में दृढ़तापूर्वक बैठ जाती है। दूसरी ओर अध्ययन, विषय की समझ को सुधारने और सुदृढ़ करने के लिए स्वयं आपके द्वारा विषय वस्तु का दोहराया जाना है।
2. **टुकड़ों में आप गणित नहीं सीख सकते :** आपको इसे पूरी तरह जानना होगा। अनेक विषयों के प्रतिकूल गणितीय ज्ञान परस्पर संबंधित है। इसका अर्थ यह है कि गणित के एक विषय के सिद्धांत और उसकी युक्तियाँ दूसरे विषय से संबंधित हैं। गणित क्रमवार भी है और यह हर अगले चरण में अधिक जटिल होता जाता है। आपको इसे एक विशेष क्रम में ही सीखना होगा। यदि आपसे कोई महत्त्वपूर्ण चरण छूट जाता है तो इस विषय में आपकी प्रगति बहुत मुश्किल हो जाती है। इसलिए गणित ऐसा विषय नहीं है, जिसे आप टुकड़ों में सीख सकते हैं। इस विषय को ठीक तरह से समझने के लिए आपको इसे पूरी तरह जानना होगा।
3. **गणित के प्रश्नों की अकसर भविष्यवाणी की जा सकती है''सचमुच!** एक बार आपने गणित में प्रवीणता हासिल कर ली है तो वह काफी है। आपका काम हो गया। इसके उपरांत आपको विषय की गहन जानकारी के लिए और अधिक अध्ययन करने अथवा शोध करने की आवश्यकता नहीं है। दूसरे विषयों की तुलना में गणित की परीक्षा में पूछे जानेवाले प्रश्न अधिकांशत: पारंपरिक और कक्षा में आपके द्वारा देखे गए अभ्यासों के समान ही होते हैं। ये अधिक पूर्वानुमेय भी होते हैं।
4. **गणित का अभ्यास करें :** जब आप यह सोचते हैं कि अमुक प्रकार के प्रश्नों को हल करना आप अच्छी तरह समझ गए हैं, तब आपको

उसका अभ्यास करना चाहिए। अभ्यास से न सिर्फ आपको उस विषय को समझने और याद रखने में सहायता मिलेगी, बल्कि आप उस कार्य से इस प्रकार सुपरिचित हो जाएँगे कि आप पूरे आत्मविश्वास से कम समय में और आसानी से ऐसे प्रश्नों को हल कर सकेंगे। जब आप अभ्यास कर रहे हों तो आसान प्रश्नों से प्रारंभ करना सर्वोत्तम होता है। गणित में प्रवीणता हासिल करने लिए, जैसा कि किसी भी प्रकार के कौशल के लिए जरूरी है, अभ्यास के द्वारा अपनी क्षमताओं को सुदृढ़ करना ही एकमात्र रास्ता है। अभ्यास, अभ्यास, और अभ्यास!

5. **अपने गणित-ज्ञान की कमियों पर आक्रमण कीजिए :** गणित में अपने कमजोर क्षेत्रों का पता लगाएँ और उन्हें सुधारने के लिए कार्य करें। अपने गणितीय ज्ञान की कमियों को पूरा करें। अपनी कमियों को दूर करने में आपके अध्ययन का अधिकांश समय लगना चाहिए। विभिन्न अध्यायों के सारांशों को सामान्य पुनरावृत्ति के लिए उपयोग में लाएँ, किंतु समस्याग्रस्त क्षेत्रों के गहन अध्ययन के लिए अधिक समय लगाएँ।
6. **अपने गणित-ज्ञान की स्वयं परीक्षा लें :** अंत में, पुस्तक की प्रश्नमाला, दिए गए कार्यों और पिछली परीक्षाओं आदि के मिश्रित प्रश्नों का उपयोग करके अपने गणित ज्ञान की स्वयं परीक्षा लीजिए। वास्तव में आप आई.आई.टी. संयुक्त प्रवेश परीक्षा जैसे बड़े इम्तहान के लिए तैयारी कर रहे हैं। आपके लिए यह जरूरी है कि आप पीछे जाएँ और अनेक प्रकार के प्रश्नों को हल करने का अभ्यास करके गणित में प्रवीणता प्राप्त करें। पिछली परीक्षाओं के प्रश्नों का अध्ययन आगे आनेवाली परीक्षा में प्रश्नों के स्वरूप और उनमें निहित अपेक्षित जटिलताओं को समझने का एक अच्छा तरीका है। यह आपको परीक्षा के लिए अपनी तकनीक में सुधार और उसका विकास करने में भी सहायता करेगा।

☑ गणित की अंतिम परीक्षा के लिए तैयार होना

यहाँ नमूने के रूप में एक परीक्षा देने का तरीका प्रस्तुत किया जा रहा है, जिससे न सिर्फ आपको अपनी क्षमताओं और दुर्बलताओं का पता चलेगा, बल्कि अधिक नंबर प्राप्त करने में भी सहायता मिलेगी।

पहला, प्रश्नों को उनके वाक्यों में दिए गए प्रमुख संकेतों एवं शब्द-रचनाओं ध्यान केंद्रित करके उन्हें वर्गीकृत करें और यह सुनिश्चित करें कि आप किन

तकनीकों या प्रमेयों का उपयोग कर उन्हें हल करेंगे और हाशिए पर आवश्यक संकेत भी लिख लें। इसके अलावा यह भी लिख लें कि किस प्रश्न को आप कितना कठिन समझते हैं।

दूसरा, अब परीक्षा की स्थितियों में अपने प्रश्न-पत्र को हल करना प्रारंभ करें और पहले चरण के लिए वर्गीकृत किए गए प्रश्नों में सबसे पहले सबसे आसान प्रश्न हल करें और उसके बाद उससे कुछ कठिन प्रश्न। इस प्रकार आप कठिनतर प्रश्नों के लिए प्रत्येक वर्गीकृत प्रश्न के साथ स्वयं को एक प्रश्न से दूसरे प्रश्न के बीच हर बार बिना असंबद्ध हुए ही तैयार कर लेंगे और आप में तेजी आ जाएगी। यह नोट करने में भी भयभीत न हों कि किस प्रश्न विशेष को हल करने के दौरान कहाँ और क्यों आप अटक गए। एक बार पुनः आप प्रश्नों को वर्गीकृत कर सकते हैं, जिससे आपको नूतन वर्गीकरण के अनुसार कार्य करते समय इसे हल करने में सफलता मिल सकती है।

तीसरा, परीक्षा पूरी करें और अपने प्रश्नों के हल का यथार्थ जानने के लिए आवश्यक जाँच करें और कुछ आगे बढ़कर अपूर्ण छोड़े गए प्रश्नों को हल करने का भी प्रयास करें।

प्रेरणा तरंग : गणित सभी विज्ञानों की राजमाता है।

मन में रखिए : दिनों की लंबाई उसके दाहिने हाथ में और बाएँ हाथ में समृद्धि एवं सम्मान होता है।

चिंतन क्षेत्र : जीवन में मृत्यु सबसे बड़ी क्षति नहीं है। सबसे बड़ी क्षति वह है, जो जीते-जी हमारे अंदर मर जाता है।

□

15

परीक्षा के लिए कार्यविधि

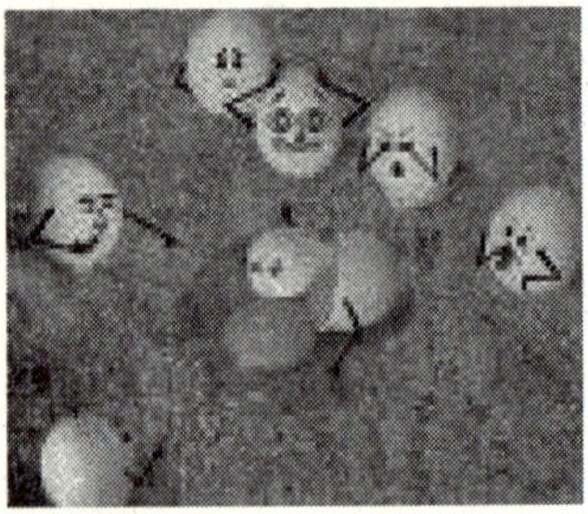

☑ इस वर्ष भी आई.आई.टी. संयुक्त प्रवेश परीक्षा में 'कट ऑफ' अंकों के कम ही रहने की संभावना है

संसार में सबसे कठिन प्रतिस्पर्धात्मक परीक्षाओं में एक होने का गौरव प्राप्त करने के बावजूद आई.आई.टी. संयुक्त प्रवेश परीक्षा के स्तरों में नाटकीय गिरावट आई है। आई.आई.टी. संयुक्त प्रवेश परीक्षा के नए नियमों के अनुसार निम्नतम 20 प्रतिशत परीक्षार्थियों द्वारा प्रत्येक विषय में अधिकतम प्राप्तांक ही 'कट ऑफ' अंक होगा। किंतु अधिकतर ऐसे प्रतियोगियों के परीक्षा के प्रति गंभीर नहीं होने के कारण गणित, भौतिकशास्त्र और रसायनशास्त्र में 'कट ऑफ' अंक क्रमशः 1, 4, 3 पाया गया। सन् 2006 में गणित, भौतिकशास्त्र और रसायनशास्त्र में 'कट ऑफ' अंक क्रमशः 37, 48, 55 था। 'कट ऑफ' अंकों के गिरकर इकाई की संख्या तक पहुँच जाने से यह अवधारणा एक मजाक बनकर रह गई है कि चुने गए प्रतियोगियों में इन तीनों विषयों के ज्ञान का एक न्यूनतम स्तर सुनिश्चित कर लिया जाता है। इससे यह संभावना उत्पन्न हो गई है कि गणित की निर्णायक परीक्षा में लगभग शून्य अंक प्राप्त करने के बावजूद कुछ छात्र आई.आई.टी. संयुक्त प्रवेश परीक्षा की

पात्रता सूची में स्थान पा सकते हैं।

आई.आई.टी. संयुक्त प्रवेश परीक्षा

न तो अपने आपको कम आँकिए और न ही आई.आई.टी. संयुक्त प्रवेश परीक्षा का अतिअंकन करें। इस पुस्तक का उद्देश्य एक नुस्खा प्रदान करना नहीं है। इसका लक्ष्य अपने बारे में सोचने, पुनर्शिंचतन करने और अपनी परिस्थितियों के बारे में मनन करने के लिए प्रेरित करना है।

बहु-विकल्प (मल्टीपल च्वाइस) वाले प्रश्न

बहु-विकल्प वाले प्रश्नों को देखने से भी पहले आपको संबंधित निर्देशों को ध्यानपूर्वक अवश्य पढ़ लेना चाहिए। आपको यह सुनिश्चित कर लेना चाहिए कि आपसे क्या पूछा जा रहा है। इसके महत्त्व को कम नहीं आँका जा सकता है। प्रत्येक परीक्षा के प्रारंभ में सभी प्रश्नों को एक बार जल्दी से पढ़ लें और उन्हीं प्रश्नों का उत्तर दें, जिन्हें हल करने के बारे में आपको पूरा विश्वास हो। उन प्रश्नों को चिह्नित करें, जिन्हें आप हल नहीं कर सकते, ताकि आप उन्हें बाद में हल करने का प्रयास कर सकें। यदि आप उत्तर नहीं दे पा रहे हैं तो प्रश्नों को दोबारा पढ़ें। प्रत्येक प्रश्न को प्रारंभ से अंत तक पढ़ें। उसके बाद सभी विकल्पों को पढ़ें। उस स्थिति में भी सभी विकल्पों को पढ़ें, जब प्रश्न आपके लिए अपरिचित हो। इन विकल्पों में से शायद कोई एक आपको यह संकेत दे सकता है कि प्रश्न किस बारे में है। विकल्पों में ही आपके लिए शायद कोई सूचना हो। यदि आप उत्तर शीघ्र नहीं दे सकते हैं तो जिन विकल्पों को आपने छाँट दिया है, उन पर गुणन चिह्न लगाएँ और फिर इस प्रश्न पर बाद में लौटने के लिए आगे बढ़ जाएँ। आपका काम यह है कि आप उस विकल्प का चयन कर लें, जो अन्य की अपेक्षा अधिक सही है। बहु-विकल्प वाले प्रश्नों को उसी प्रकार पढ़ें, जैसे 'सत्य' अथवा 'असत्य' वाले प्रश्न पढ़े जाते हैं। स्पष्ट रूप से असत्य विकल्पों को बहिष्कृत कर दें। कथन में उन प्रमुख शब्दों को पहचानना सीखें, जो अर्थ को परिभाषित करते हैं। यदि आप प्रश्न के सभी विकल्पों को बहिष्कृत नहीं कर सकते, तो दंड न होने की स्थिति में आप अनुमान व्यक्त कर सकते हैं।

☑ बहुविकल्पीय प्रश्नों को हल करने का तरीका

आई.आई.टी. संयुक्त प्रवेश परीक्षा में परीक्षार्थी के विषय के ज्ञान और प्रश्नों को हल करने की उसकी क्षमताओं की बड़ी गहराई से जाँच की जाती है। इसलिए इस परीक्षा की एकमात्र माँग यह है कि छात्र को मूल अवधारणा का प्रचुर ज्ञान, अच्छी विश्लेषणात्मक क्षमता और विषय का गहन ज्ञान तथा प्रश्नों को हल करने का कठोर अभ्यास होना चाहिए।

1. परीक्षा का सर्वेक्षण कीजिए : वस्तुनिष्ठ परीक्षा का सर्वेक्षण यह जानने के लिए करें कि उसमें किस प्रकार के प्रश्न पूछे जा रहे हैं। सभी पृष्ठों का अवलोकन करें।

- प्रश्न-पत्र कितना लंबा है?
- क्या कोई पृष्ठ गायब है?
- इसमें किस प्रकार के प्रश्न हैं?

2. परीक्षा-पत्र पर व्यक्तिगत विवरण संबंधी पृष्ठ भर लें : प्रश्न-पत्र के शीर्ष पर उपलब्ध समय का आधा और कुल प्रश्नों के मध्य में पड़नेवाले प्रश्न की क्रम संख्या लिख लें। बहुविकल्पीय प्रश्नों, सुमेल और सत्य एवं असत्य इंगित करने वाले प्रश्नों में कम-से-कम एक चीज तो समान होती है और वह है, सही उत्तर का उपलब्ध होना। परीक्षार्थी के रूप में आपकी समस्या उसे पहचानना है।

3. निदेशों को ध्यान पूर्वक पढ़ें। निदेशों को सदैव एवं अवश्य पढ़ लें : अपने उत्तर ठीक उसी प्रकार लिखें जैसे निर्देश दिए गए हैं। यह सुनिश्चित कर लें कि आपका उत्तर स्पष्ट है। अंक प्राप्त करने के नियमों को अच्छी तरह जान लें और अपने लाभ के लिए उनका पालन करें। उदाहरण के लिए, यदि गलत उत्तरों पर दंड लगना है तो अनुमान तब तक न लगाएँ जब तक कि आप विकल्पों को बहिष्कृत करके दो न कर लें।

- अनुमान लगाने पर क्या दंड का प्रावधान है? (यदि नहीं, तो सभी प्रश्नों के उत्तर दें।)
- क्या सभी प्रश्नों पर समान अंक दिए जाने हैं?
- बहु-विकल्पीय प्रश्नों में क्या प्रत्येक प्रश्न का केवल एक ही सही उत्तर है?

4. जो प्रश्न आपको सरल लगते हों, उन्हीं को पहले हल करना सबसे अच्छी रणनीति है :

- दोहरे निषेधार्थक कथनों में दोनों ही पर काट लगाएँ।
- सैद्धांतिक पदों को रेखांकित करें। सैद्धांतिक पदों वाले कथन सामान्यत:

गलत होते हैं, क्योंकि 'सदैव, कभी नहीं, सर्वोत्तम' आदि की अपेक्षाओं को पूरा करनेवाली चीजें संसार में कम ही हैं।

- सत्य-असत्य। दो खंड-वाक्यों वाले कथनों से सावधान रहें।
- मिलान करने के पूर्व सभी विकल्पों को ध्यानपूर्वक पढ़ लें।

5. अपने उत्तरों को जाँच लें :

- सुनिश्चित कर लें कि सभी प्रश्नों के उत्तर दे दिए गए हैं। (यदि अनुमान लगाने पर दंड नहीं दिया जाना है तो।)
- सभी विकल्पों को स्पष्ट रूप से अंकित किया गया है।
- उत्तर-पुस्तिका पर अनावश्यक रूप से लगाए गए सभी गुणक-चिह्नों (×) और प्रश्न चिह्नों (?) को मिटा दिया गया है।

6. यदि समय हो तो सभी प्रश्नों को एक बार फिर से कर लें :

- सबसे पहले अनुत्तरित गुणक-चिह्नोंवाले प्रश्नों को हल करें।
- इसके बाद प्रश्न-चिह्नों (?) वाले प्रश्नों को हल करें।
- फिर तीसरे स्थान पर अन्य प्रश्नों का समाधान करें।

7. विकल्पों को देखने से पहले ही सदैव अपने उत्तर का अनुमान लगाएँ : यह याद करने का प्रयास करें कि बचे हुए उत्तरों में से क्या कोई इस विषय से संबद्ध है? क्या आपको यह याद आ रहा है कि आपने इस शब्द को उक्त अध्याय में देखा है?

8. 'उपर्युक्त सभी विकल्पों' वाले प्रश्न : यदि दो या उससे अधिक उत्तर सही हैं, तब 'उपर्युक्त सभी विकल्प' का उत्तर सही होगा, उस स्थिति में भी जब आप तीसरे विकल्प के बारे में संदिग्ध हों।

9. एक जैसे दिखनेवाले विकल्प : कभी-कभी दो ऐसे विकल्प होते हैं जो, एक शब्द को छोड़कर, एक जैसे दिखते हैं। ऐसे युग्म यह इंगित करते हैं कि प्रश्न का केंद्र वही है। सामान्यत:, किंतु सदैव नहीं, आप यह मान सकते हैं कि उत्तर उन्हीं में से एक है।

☑ आत्मनिष्ठ (सब्जेक्टिव) प्रश्नों के उत्तर कैसे दें

सी.बी.एस.ई. के प्रश्न-पत्रों को हल करने के लिए छात्रों को अब और प्रखर बुद्धि होने की आवश्यकता होगी। कक्षा X और XII के प्रश्न-पत्रों के 10 प्रतिशत प्रश्न बहुत छोटे उत्तरों वाले होंगे। 20 प्रतिशत प्रश्नों को इस प्रकार निर्मित किया जाएगा कि उनसे छात्रों के उच्च स्तर की चिंतन क्षमता (High order Thinking

Skills) का अनुमान लगाया जा सके। वस्तुनिष्ठ प्रश्नों की अपेक्षा आत्मनिष्ठ प्रश्नों का उत्तर लिखने में समय का योजनाबद्ध उपयोग ज्यादा जरूरी है। सामान्य नियम यह है कि एक या दो प्रश्नों के उत्तर लिखने में आप इतना अधिक संलग्न न हो जाएँ कि अन्य प्रश्नों के उत्तर समय सीमा के अंदर लिख ही न सकें।

कुछ प्रमुख शब्दों के सम्मुख दिए जानेवाले विवरण

- टिप्पणी (Comment)—संक्षिप्त विवेचना
- तुलना (Compare)—समानताओं और असमानताओं पर जोर देते हुए विवेचना करें।
- परिभाषा (Define)—अर्थ समझाएँ, किंतु विस्तृत विवरण नहीं।
- विवेचना (Discuss)—पक्ष और विपक्ष के कारणों को विवरणों के साथ प्रस्तुत करें।
- समझाना (Explain)—घटनाओं या स्थितियों के बारे में कारणों की व्याख्या करें।
- उदाहरण देना (Give an example)—ठोस उदाहरण दें।
- औचित्य बताना (Justify)—सिद्ध करें अथवा कारण बताएँ।
- हल करना (Solve)—दिए गए तथ्यों के आधार पर प्रश्न का हल प्रस्तुत करें।

☑ आत्मनिष्ठ प्रश्नों के उत्तर लिखने का तरीका

शिक्षक जिस सटीक विचार को पाने की कोशिश कर रहे हैं, उसे आपको अवश्य सुनिश्चित करना चाहिए। लिखना शुरू करने से पहले एक अच्छी योजना बना लेने से आपका समय बच सकता है। इन तरीकों का आशय यह बतलाना नहीं है कि आपको क्या लिखना है, बल्कि यह स्पष्ट करना है कि अपने उत्तर को किस प्रकार सुरुचिपूर्ण तरीके से लिखें और शब्दों का उपयोग कैसे करें।

- **परीक्षा से संबंधित निर्देशों को ध्यानपूर्वक पढ़ें। सभी प्रश्नों को पढ़ें :** कुछ भी लिखने से पहले सभी प्रश्नों को अवश्य पढ़ लें। यदि प्रश्नों में आपके लिए विकल्प उपलब्ध हों तो उन्हीं प्रश्नों को चुनें जिनके लिए आप अच्छी तरह तैयार हैं।
- **प्रत्येक प्रश्न के बगल में आवश्यक संकेत लिख लें। उपलब्ध समय की एक योजना भी बना लें :** प्रश्नों को पढ़ते समय प्रत्येक प्रश्न के

संदर्भ में जो विचार तत्काल आपके मस्तिष्क में उभरता है, उसे कुछ शब्दों या संक्षिप्त रूप में नोट कर लें। बाद में जब आप प्रश्न का उत्तर लिखना शुरू करें तो नोट किए गए इन संकेतों, संक्षिप्त विवरणों अथवा परीक्षा की कॉपी के पीछे लिखे गए शब्दों का उपयोग अपने उत्तर को व्यवस्थित करने के लिए करें। आप यह भी निश्चित कर लें कि प्रत्येक प्रश्न का उत्तर लिखने के लिए आपको कितना समय देना है और अपनी इस योजना का पालन करें।

- **प्रश्नोत्तर लिखते समय सबसे आसान प्रश्न से प्रारंभ करें। पूर्ण उत्तर लिखने का प्रयास करें :** प्रश्न-पत्र के पहले प्रश्न को ही बैठकर देखते न रहें। एक आसान प्रश्न को चुन लें, प्रश्न का नंबर सही लिखें और उत्तर लिखना प्रारंभ करें। अपने विचारों को स्पष्ट रूप से व्यक्त करें। शिक्षक द्वारा अनुमान लगाने अथवा निष्कर्ष निकालने के लिए कुछ भी न छोड़ें। अपने चिंतन की पूरी प्रक्रिया को अभिव्यक्त करें।
- **अस्पष्ट धारणाओं अथवा अनुभूतियों की बजाय तथ्यों और तर्कों का उपयोग करें :** शिक्षकों को आपकी व्यक्तिगत रुचियों या अरुचियों, संवेगों, दृष्टिकोणों अथवा अनुभूतियों में कोई दिलचस्पी नहीं है। वे सिर्फ यह जानना चाहते हैं कि आप विषय को कितनी अच्छी तरह समझते हैं।
- **संक्षेप में लिखें, अपने उत्तर को बुद्धिमानी से व्यवस्थित करें :** सबसे प्रभावशाली उत्तर निश्चित रूप से सुस्पष्ट और युक्तिसंगत तरीके से प्रस्तुत किया जाता है। प्रश्न की माँग के अनुरूप एक सर्वप्रमुख विचार अथवा अनेक मुख्य विचारों पर अपना उत्तर केंद्रित करें।

शीर्ष पर पहुँचने के लिए उन अवसरों का अनुसरण करें, जो विपत्ति से उत्पन्न होते हैं। जब सबकुछ ठीक चल रहा हो तो सभी लोग अच्छा करते हैं। परंतु जब सबकुछ सभी लोगों के लिए ठीक चल रहा हो तो आपको स्वयं से पूछना चाहिए— आपको क्या भिन्न बनाता है, अन्य लोगों से आप किस प्रकार अलग हैं ?

☑ अपनी दुर्बलता से शक्ति प्राप्त करें

भारत में एक पनिहारे के पास दो बड़े जल पात्र थे, जिनमें पानी भरकर वह अपनी काँवड़ पर ढोया करता था। उनमें से एक जल पात्र बहुत अच्छी तरह बना हुआ था और उसमें से कभी पानी नहीं चूता था, किंतु दूसरा जल पात्र थोड़ा चिटका

हुआ था, जिसके कारण उसमें से काफी पानी रिसता जाता और जब तक पनिहारा अपने मालिक के घर पहुँचता तब तक वह केवल आधा ही भरा रह जाता था।

पूरे दो वर्षों तक प्रतिदिन यही क्रम चलता रहा और पनिहारा अपने मालिक के घर केवल डेढ़ भरे जल पात्र पानी ही देता रहा। हाँ, अच्छा जल पात्र अपनी उपलब्धियों पर गौरवान्वित था, किंतु चटका हुआ जल पात्र अपने दोष पर शर्मिंदा और दुखी था कि जो करने के लिए वह निर्मित है, उसका आधा ही कर पा रहा था।

दो वर्षों बाद एक दिन नदी के किनारे अपनी बुरी असफलता को देखते हुए चिटके हुए जल पात्र ने कहा, "मैं अपने आप पर शर्मिंदा हूँ और आपसे क्षमा-याचना करता हूँ।" "क्यों?" पनिहारे ने पूछा, "आप किसलिए लज्जित हैं?" "पिछले दो वर्षों में बगल की इस चटक के कारण पूरे रास्ते होने वाले रिसाव की वजह से मैं अपनी क्षमता का केवल आधा पानी ही आपके मालिक के घर तक पहुँचा पा रहा हूँ। मेरी दरार के कारण आप अपने कार्य का पूरा लाभ नहीं उठा पा रहे हैं।" जल पात्र ने कहा।

अपने चिटके हुए पुराने जल पात्र के दुख से पनिहारा दुखी हुआ और सहानुभूति जताने के लिए उसने कहा, "मैं चाहता हूँ कि मालिक के घर वापस जाते समय आप सड़क के किनारे खिले हुए सुंदर फूलों को देखें।"

वास्तव में जब वे पहाड़ की ओर ऊपर जा रहे थे तो उस पुराने चटके हुए जल पात्र ने रास्ते के किनारे सुंदर जंगली फूलों को सूरज की गरमाहट प्राप्त करते हुए देखा और इससे उसे थोड़ी प्रसन्नता मिली; किंतु मार्ग के अंत में पहुँचकर भी वह स्वयं को हीन महसूस कर रहा था, क्योंकि रास्ते में उसका आधा जल रिस चुका था। इसलिए जल पात्र ने अपनी विफलता के लिए पनिहारे से पुनः क्षमा-याचना की।

पनिहारे ने जल पात्र से कहा, "क्या आपने ध्यान दिया कि ये सुंदर फूल रास्ते में केवल आपकी तरफ ही थे, दूसरी ओर नहीं? ऐसा इसलिए है कि मैंने आपके दोष को शुरू से ही जान लिया था और उसका लाभ उठाया। मैंने रास्ते में आपकी तरफ ही फूलों के बीज बोए और प्रतिदिन नदी से लौटते समय आपने उन्हें पानी दिया। दो वर्षों तक मार्ग से इन सुंदर फूलों को चुनकर मैं अपने मालिक की मेज सजा सका। आप जैसे हैं उसके बिना, मालिक अपने घर को इस सौंदर्य से सजा नहीं सकते थे।

हममें से प्रत्येक के अपने विशिष्ट दोष हैं। हम सभी चटके हुए जल पात्र हैं, परंतु यदि हम इसे स्वीकार कर लेते हैं तो ईश्वर हमारे दोषों का इस्तेमाल अपनी

मेज सजाने में कर लेंगे। ईश्वर की इस महान् अर्थव्यवस्था में कुछ भी बरबाद नहीं होता। अपने दोषों से डरें नहीं। उन्हें स्वीकार करें। आप भी सुंदरता का कारण बन सकते हैं। यह जानिए कि हम अपनी दुर्बलताओं से अपनी शक्ति प्राप्त कर सकते हैं।

प्रेरणा तरंग : यदि प्रत्येक व्यक्ति अपने घर के सामने सफाई कर ले तो सारा संसार स्वच्छ हो जाएगा।

मन में रखिए : उसने कहा, याद रखो कि तुम कौन हो। तुम स्वामी हो।

चिंतन क्षेत्र : जीवन से उन सभी चीजों को निकाल दो जिनको बहिष्कृत कर दिया जाना चाहिए। इससे तुम स्वयं को हलका और प्रसन्न महसूस करोगे एवं तुम्हारे मन को अधिक शांति की अनुभूति होगी।

□

16

संयुक्त प्रवेश परीक्षा का मनोविश्लेषण

छात्रों के लिए परीक्षा की पारदर्शी प्रक्रिया

आई.आई.टी. संयुक्त प्रवेश परीक्षा के परिणामों को अब और अधिक पारदर्शी बनाया गया है। आई.आई.टी. संयुक्त प्रवेश परिषद् ने यह निर्णय लिया है कि भौतिकशास्त्र, गणित या रसायनशास्त्र आदि विषयों के 'कट ऑफ' अंकों तथा कंप्यूटर, इलेक्ट्रॉनिक्स, मेकैनिकल एवं सिविल इंजीनियरिंग जैसे विषयों के 'कट-ऑफ' अंकों को भी प्रकाशित किया जाएगा। अंक तालिका में सामान्य एवं प्रत्येक आरक्षित वर्ग की विभिन्न शाखाओं के छात्रों के आरंभिक और समापन क्रम संख्या को भी दरशाया जाएगा।

आई.आई.टी. संयुक्त प्रवेश परीक्षा के सपनों का उपचार

भारतीय प्रौद्योगिकी संस्थानों को अपने उत्कृष्ट शैक्षिक स्तरों एवं विकास और शोध कार्यक्रमों के लिए प्रौद्योगिकीय जन-शक्ति तैयार करने के लिए विश्वव्यापी पहचान मिली है।

संयुक्त प्रवेश परीक्षा में लगभग 3 लाख छात्र बैठते हैं। यह आसानी से अनुमान लगाया जा सकता है कि इनमें से अधिकांश (लगभग 75 प्रतिशत) छात्र उस स्तर की तैयारी नहीं कर पाते हैं, जिससे उन्हें आई.आई.टी. में प्रवेश प्राप्त करने में सफलता मिल सके। अधिकांश छात्र हाई स्कूल बोर्ड की परीक्षा पास करने के बाद ही आई.आई.टी. में प्रवेश प्राप्त करने का सपना देखने लगते हैं। इस हेतु वे ढेर सारी अध्ययन सामग्री खरीदते हैं और उन्हें पढ़ने के बजाय अगले दो वर्षों तक सपना देखना जारी रखते हैं, फिर अंत में वे किसी चमत्कार के घटित होने की प्रतीक्षा करते हैं और अंततोगत्वा प्रवेश प्राप्त करने में असफल हो जाते हैं।

बाकी बचे 60,000 छात्रों में परीक्षा के लिए कठिन परिश्रम करनेवाले लगभग 40,000 उम्मीदवार संयुक्त प्रवेश परीक्षा के लिए आवश्यक शैक्षिक स्तर न प्राप्त कर पाने के कारण अंततः सफल नहीं हो पाते हैं। अंतिम 20,000 छात्र ही संयुक्त प्रवेश परीक्षा में वास्तविक प्रतिस्पर्धी होते हैं। वे इन दो वर्षों में गहन अध्ययन करते हुए कठिन परिश्रम करते हैं और संयुक्त प्रवेश परीक्षा में पूरे आत्मविश्वास के साथ बैठते हैं।

सभी छात्रों द्वारा बड़ी संख्या में पूरे वर्ष बहु-विकल्पीय प्रश्नों का अभ्यास करना एक सामान्य बात है; किंतु यह एक गलत तरीका है, क्योंकि अध्ययन सामग्रियों और पत्रिकाओं आदि में दिए गए बहु-विकल्पीय प्रश्न परीक्षा में पूछे जानेवाले प्रश्नों की वास्तविक प्रकृति को प्रतिबिंबित नहीं करते। इस प्रकार के अभ्यास से आपको दूर रहना चाहिए। संयुक्त प्रवेश परीक्षा के लिए यह आवश्यक है कि प्रत्येक अवधारणा आपको स्पष्ट होना चाहिए। संयुक्त प्रवेश परीक्षा के एक माह पूर्व जितने भी सूत्र आप जानते हैं, उन्हें दोहरा लें, ताकि यदि अब भी आपको वह अवधारणा स्पष्ट नहीं है तो व्युत्पादित (derived) सूत्र के आधार पर ही आप सही उत्तर तक पहुँच सकते हैं। इसके अलावा कुछ अच्छे स्तरीय प्रश्न प्राप्त करें और उन्हें सही अर्थों में परीक्षा की कठोर परिस्थितियों में हल करें। इससे आपको वास्तव में समय का प्रबंधन सीखने में सहायता मिलेगी।

संयुक्त प्रवेश परीक्षा में आत्मनिष्ठ प्रश्नों का व्यापक अभ्यास सफलता का मूल आधार है। प्रतिरूप को पहचानने और अवधारणाओं को विकसित करने में आपको विशिष्टता प्राप्त करनी होगी। कृपया विवेकहीन प्रश्नों का अभ्यास न करें, क्योंकि ऐसे प्रश्न संयुक्त प्रवेश परीक्षा में नहीं पूछे जाते हैं। इसके अलावा इस परीक्षा के प्रश्नों का हल बहुत लंबा नहीं होता है।

संयुक्त प्रवेश परीक्षा के प्रश्न-पत्र, जो कभी स्कूल स्तर के छात्रों के लिए

भयावह समझे जाते थे और जिनमें समझ में न आनेवाले प्रश्न हुआ करते थे, अब उनमें कुछ परिवर्तन आ रहा है और प्रश्नों को सरल बनाया जा रहा है। अब प्रश्नों को हल करने के लिए केवल आधारभूत अवधारणाओं की सटीक समझ की आवश्यकता होती है। किसी भी प्रश्न के लिए अब बहुत उच्च स्तर के ज्ञान की आवश्यकता नहीं है। संयुक्त प्रवेश परीक्षा में स्कूल स्तर की पुस्तकों का गहन अध्ययन करके सफलता पाई जा सकती है।

आई.आई.टी. संयुक्त प्रवेश परीक्षा का विश्लेषण

सबसे पहले यह जरूरी है कि इस परीक्षा में सफलता के लिए आवश्यक तथ्यों को पहचाना जाए। परीक्षा में पूछे जानेवाले अधिकांश प्रश्नों में छात्रों को निपुणता के साथ विषय की जाँच-पड़ताल करके उन्हें हल करना पड़ता है। प्रश्न-पत्र बनानेवाले भी यह आशा नहीं करते हैं कि आवंटित समय-सीमा के अंदर छात्र सभी प्रश्नों के सही हल प्रस्तुत कर सकेंगे। इसका प्रमाण इस तथ्य में निहित है कि परीक्षा के हाल के इतिहास में कभी भी योग्यता-प्रदायी अंक 30-35 प्रतिशत से अधिक नहीं रहा है। इसलिए तर्कानुसार यदि आप प्रत्येक प्रश्न-पत्र में 40 प्रतिशत अंक भी प्राप्त कर लेते हैं तो आपको अच्छा स्थान प्राप्त हो सकता है।

आई.आई.टी. संयुक्त प्रवेश परीक्षा का आयोजन उन छात्रों को चिह्नित करने के लिए किया जाता है, जिनमें भविष्य में प्रौद्योगिकी को विकसित करने में महत्त्वपूर्ण भूमिका निभा पाने की क्षमता होती है। पिछले वर्षों के प्रश्न-पत्रों का विश्लेषण करने से परीक्षार्थियों को संयुक्त प्रवेश परीक्षा के प्रश्नों को हल करने के लिए आवश्यक विश्लेषणात्मक एवं तार्किक क्षमता का आकलन करने और उन्हें समझने में सहायता मिल सकती है। इस समझ के आधार पर विकसित रणनीति का अनुसरण करने से आई.आई.टी. संयुक्त प्रवेश परीक्षा की पात्रता-सूची में अच्छा स्थान सुनिश्चित किया जा सकता है।

पिछले वर्षों में पूछे गए प्रश्नों का विश्लेषण करने से परीक्षार्थियों को प्रश्नों की शैली और प्रकृति को समझने में सहायता मिलेगी। आई.आई.टी. संयुक्त प्रवेश परीक्षा के प्रश्न-पत्रों को बनानेवाले शिक्षकों का काम बड़ा ही कठिन होता है। उन्हें ये प्रश्न-पत्र इस प्रकार बनाने पड़ते हैं कि वे 3 लाख से अधिक परीक्षार्थियों में से लगभग 7 हजार, यानी मात्र 2.5 प्रतिशत ऐसे छात्रों को चुन सकें, जो इन प्रतिष्ठित प्रतिष्ठानों में स्वीकार किए जाएँगे। इसे निष्पादित करने के लिए ऐसे प्रश्नों को निर्मित किया जाता है, जिनका उद्देश्य यह परखना नहीं है कि छात्र विषय से कितनी अच्छी

तरह अवगत है, बल्कि यह सुनिश्चित करना है कि उसके ज्ञान की गहराई कितनी अधिक है। संयुक्त प्रवेश परीक्षा का प्रश्न-पत्र तीन विषयों—भौतिकशास्त्र, रसायनशास्त्र और गणित का एक संतुलित प्रश्न-पत्र होता है। इन प्रश्न-पत्रों के कई सेट होते हैं, जिनमें प्रत्येक में वे ही प्रश्न भिन्न क्रम/रूप में दिए जाते हैं। संयुक्त प्रवेश परीक्षा का झुकाव सी.बी.एस.सी. की आंतरिक अवधारणाओं की ओर है। इससे यह इंगित होता है कि संयुक्त प्रवेश परीक्षा में सफलता के लिए सबसे महत्त्वपूर्ण आवश्यकता विषयों के अंतर्भाग (core) को स्पष्ट रूप से समझने की क्षमता है।

आई.आई.टी. संयुक्त प्रवेश परीक्षा की रूपरेखा

1. इस खंड में पारंपरिक बहु-विकल्पीय प्रश्नों के साथ एक सही उत्तर होता है। प्रश्न प्रारंभिक होते हैं और इन्हें हल करने के लिए सिर्फ प्रश्न को समझने और विकल्पों में से सही उत्तर चुनने में निपुणता की आवश्यकता होती है।

2. यहाँ आवश्यकता उस क्षमता की है, जिससे दो भिन्न कथनों में संबंध स्थापित किया जा सके और जैसा कि एक चिकित्सक करता है, उनमें कारण और प्रभाव को भी सुनिश्चित किया जा सके।

अवधारणाओं के बीच वास्तविक संबंधों को समझने में निपुण होने अर्थात् संबंधों के अंतर्गत 'क्यों' और 'कैसे' को स्पष्ट रूप से सही-सही व्यक्त करने की क्षमता की आवश्यकता होती है।

3. इससे छात्रों की विश्लेषणात्मक योग्यता का परीक्षण हो जाता है। कुछ प्रश्न इस प्रकार के भी होते हैं, जहाँ वर्णित प्रश्न को दी गई सूचनाओं के आधार पर हल करना होता है। यह उद्धरण को 'पढ़ने' और 'समझने' वाले प्रश्नों जैसा ही है।

अंतर यह है कि छात्र को संबंधित विषय की प्राप्त जानकारी का उपयोग करना होता है, न कि केवल उद्धरण के आधार पर प्रश्नोत्तर लिखना। कुछ मामलों में विभिन्न प्रश्न परस्पर संबद्ध हुआ करते हैं।

4. कितनी सड़कें 'अ' शहर से 'ब' शहर तक जाती हैं और 'स' शहर से 'द' शहर तक?

यहाँ एक स्थान से दूसरे स्थान तक पहुँचना विचारणीय विषय नहीं है। आपको हर रास्ते का ज्ञान होना जरूरी है। इस निपुणता के लिए आपको स्थान की संपूर्ण भौगोलिक स्थिति के ज्ञान पर अधिकार प्राप्त करना होगा। इस खंड के प्रश्न भी परीक्षार्थियों में यही ढूँढ़ते हैं।

अंतिम खंड

अब समय है कि आपको परीक्षा की तैयारी और उसमें सफलता के बीच संबंधों की स्पष्ट अंतर्दृष्टि दे दी जाए। हमारे विशेषज्ञों के निष्कर्षों के अनुसार दो वर्ष पूर्व से ही तैयारी प्रारंभ करके 3 से 5 घंटे प्रतिदिन अध्ययन करने के अलावा सफल छात्रों ने परीक्षा से पहले कम-से-कम 4 से 6 सप्ताह का समय नवीनतम एवं समसामयिक प्रश्नों से सुपरिचित होने में लगाया। यह उनकी सफलता का रहस्य है। कल्पना करें कि बारहवीं की परीक्षा के बाद संयुक्त प्रवेश परीक्षा के लिए आपको लगभग दो सप्ताह का समय मिलता है और आप प्रतिदिन 8 से 10 घंटे रचनात्मक अध्ययन में लगा सकते हैं। इस प्रकार आपको कुल 135 घंटे मिलते हैं—अर्थात् प्रति विषय 45 घंटे।

यह विषयों के सभी अध्यायों पर मात्र नजर दौड़ाने के लिए भी पर्याप्त समय नहीं है। इसलिए निर्धारित पाठ्य विषयों को पूरा करने की कोशिश भी न करें। सौभाग्य से आपसे इसकी आशा भी नहीं की जाती है। आप अपना लक्ष्य लगभग 60 प्रतिशत पाठ्य विषयों को अच्छी तरह तैयार करने का ही रखें। यह उन छात्रों के लिए है, जो पिछले पाँच या छह महीनों से संयुक्त प्रवेश परीक्षा संबंधी अध्ययन की निरंतरता नहीं बनाए रख सके किंतु जो छात्र निरंतर कुछ घंटे इस अध्ययन में लगाते रहे हैं, उनके लिए लगभग 80 प्रतिशत पाठ्यक्रम पूरा कर पाना संभव है।

आपको क्या पढ़ना चाहिए और क्या छोड़ना चाहिए? यह निर्णय करना सरल है। प्रत्येक विषय में कुछ ऐसे प्रसंग होते हैं, जिन्हें समझना या तो कठिन होता है अथवा जिनमें अंतर्निहित कठिनाइयों को स्पष्टत: सरल तरीके से समझने या विषय का सहज बोध विकसित करने में अधिक समय लगता है। घर्षण, घूर्णनात्मक गति, द्रव गति, तरंग बल विज्ञान, आयतनात्मक विश्लेषण, आयनिक संतुलन, संकरण (हिब्रिडाइजेशन) ऊँचाई और दूरी, मिश्रण, असमानताएँ, प्रेरण (इंडक्शन), द्विपद गुणांक आदि कुछ ऐसे विषय हैं।

यदि आप इन विषयों के अध्ययन में कठिनाई का अनुभव कर रहे हैं, तो इन्हें फिलहाल टाल सकते हैं; किंतु यदि आप इन्हें हल करने में कोई दिक्कत महसूस नहीं करते तो इन्हें शामिल कर सकते हैं। याद रखिए कि जिन विषयों को प्रसन्नतापूर्वक सीखा जाता है, वे पूरी तरह ग्रहण कर लिये जाते हैं। जहाँ तक आसान विषयों का प्रश्न है, केवल एक ही रास्ता है उन पर पूरा अधिकार प्राप्त कीजिए। ये उन 60 प्रतिशत पाठ्य विषयों में हैं, जिनका आप पूर्ण ज्ञान प्राप्त कर लेते हैं।

संदर्भ की समुचित सामग्री से काफी अंतर पड़ जाता है। चूँकि प्रशिक्षण के

लिए कक्षाएँ उपलब्ध हैं, इसलिए छात्र इस सुविधा का लाभ भी उठा सकते हैं। बहरहाल उन शिक्षकों से सहयोग लें, जो प्रश्नों को सिर्फ हल करने के बजाय उनका विश्लेषण करने में विशिष्टता प्राप्त कर चुके हैं। यहाँ उन विषयों की सूची दी जा रही है, जिनका आपको पूर्ण ज्ञान प्राप्त कर लेना चाहिए।

✓ भौतिकशास्त्र

भौतिकशास्त्र में कुछ प्रश्नों को रेखाचित्र द्वारा और अधिकांश प्रश्नों को हल करने के लिए गणना (calculation) की आवश्यकता पड़ती है। प्रश्नों को शाब्दिक और रेखाचित्र दोनों ही तरीकों से प्रस्तुत किया जाता है और इनके हल भी अंकों एवं रेखाचित्रों दोनों ही माध्यमों से प्रस्तुत करने की आवश्यकता होती है। इसलिए हमें याद रखना चाहिए कि प्रश्नों और उत्तरों को प्रस्तुत करने का कोई निश्चित ढाँचा नहीं है। इसलिए भौतिकशास्त्र की अवधारणाओं का इस्तेमाल करने के साथ-साथ आपको अपनी विश्लेषणात्मक एवं तार्किक क्षमता का भी उपयोग करना चाहिए।

जिन अध्यायों पर आपको अधिकार प्राप्त कर लेना चाहिए, वे हैं—ऊर्जागतिकी (Thermodynamics), ऊष्मा का चालन एवं संवहन, द्रव-स्थिति विज्ञान (Hydrostatics) और बरनौली का सिद्धांत, लचकदार माध्यम में तरंगों का अध्ययन, व्यतिकार (Interference) स्पंदन एवं ड्रॉपलर प्रभाव, स्थिर-विद्युत् विज्ञान (Electrostatics) (पूर्ण), विद्युत्-चुंबकीय प्रेरण, लॉरोंज बल, विद्युत् परिपथ एवं धारित्र (Capacitors), आधुनिक भौतिकशास्त्र (पूर्ण) संघट्टन (Coalitions), घूर्णनात्मक गति, गुरुत्वाकर्षण, प्रत्यास्थता (इलास्टिसिटी), एस.एच.एम.।

संयुक्त प्रवेश परीक्षा में इन विषयों का अनुमानित स्थान—

- मेकैनिक्स 30%
- फ्ल्यूड मेकैनिक्स 08%
- वेव्स 07%
- हीट ऐंड थर्मोडायनेमिक्स 05%
- ऑप्टिक्स 10%
- इलेक्ट्रोस्टेटिक्स ऐंड इलेक्ट्रीसिटी 10%
- मैगनेटिज्म ऐंड मैगनेटिक इफेक्ट्स ऑफ करेंट 05%
- ई.एम.आई., ए.सी. सर्किट्स ऐंड डीसी सोर्स 05%
- मॉडर्न फिजिक्स 10%
- विविध 10%

रसायनशास्त्र

रसायनशास्त्र में प्रश्नों को शाब्दिक रूप में प्रस्तुत करने पर बल दिया जाता है। कुछ प्रश्नों को छोड़कर अन्य प्रश्नों का उत्तर प्राप्त करने के लिए गणना की आवश्यकता होती है। कुछ प्रश्न तर्क पर आधारित होते हैं। धारणा या विचार संबंधी प्रश्न रसायनशास्त्र के इस खंड के आधार-स्तंभ हैं। कार्बनिक रसायनशास्त्र के बहुत कम प्रश्न अवधारणा संबंधी होते हैं। अधिकांश प्रश्नों को हल करने के लिए विषयों के बुनियादी ज्ञान की आवश्यकता पड़ती है।

जिन विषयों पर आपको अधिकार प्राप्त करना चाहिए, वे हैं—परमाणु संरचना, आबंधन (boding), रेडॉक्स प्रतिक्रिया, आयतनात्मक (valuemetric) विश्लेषण, रासायनिक संतुलन एवं बल गति विज्ञान (kinetics), आयनिक (conic) संतुलन, विद्युत् रासायनिक सेल्स, विलयन, हेस का नियम, कार्बनिक रसायनशास्त्र (संपूर्ण) के साथ पाठ्यक्रम में दी गई प्रतिक्रियाओं की क्रिया-विधि, पी, एस, सी एवं एन के ऑक्सीएसिड्स, ओजोन थियोसल्फेट के गुण, हाइड्रोजन पेरोक्साइड, कोऑर्डिनेशन कंपाउंड।

संयुक्त प्रवेश परीक्षा में इन अध्यायों का अनुमानित स्थान—

- भौतिक रसायनशास्त्र 35%
- कार्बनिक रसायनशास्त्र 30%
- अकार्बनिक रसायनशास्त्र 30%
- विविध 05%

गणित

भौतिकशास्त्र का प्रश्न-पत्र अपेक्षाकृत आसान, किंतु गणित का प्रश्न-पत्र पारंपरिक रूप से कठिन रहा है। गणितीय अवधारणाओं की आवश्यकता होती है। अधिकांश प्रश्नों को हल करने के लिए काफी गणना करनी पड़ती है और उनमें अधिक समय लगता है। इन तीनों विषयों में इस खंड को सबसे कठिन विषय के रूप में स्वीकार किया जाता है।

जिन विषयों पर आपको अधिकार प्राप्त करना चाहिए, वे हैं : कैलक्युलस (संपूर्ण), द्विघातीय समीकरण (Quadratic Equations) एवं अभिव्यक्तियाँ, जटिल अंक, श्रेणी, त्रिभुजों का हल, त्रिकोणमितीय समीकरणों का हल, वेक्टर विश्लेषण, सीधी रेखाएँ, वृत्त या शंकुकी (Conic) आकृतियाँ।

संयुक्त प्रवेश परीक्षा में इन विषयों का अनुमानित स्थान—

• बीजगणित	25%
• त्रिकोणमिति (Trigonometry)	05%
• द्विविमितीय (टू डाइमेंशनल) ज्यामिति	20%
• कैल्क्युलस	25%
• विविध	25%

प्रेरणा तरंग : जब मैं अपनी इन चिंताओं को पीछे मुड़कर देखता हूँ तो मुझे उस वृद्ध की कहानी याद आती है, जिसने अपनी मृत्यु-शय्या पर कहा था कि वह जीवन भर उन कठिनाइयों से पीड़ित रहा, जो कभी उत्पन्न ही नहीं हुईं।

मन में रखिए : प्रत्येक कृत्रिम-विज्ञान का निरीक्षण कीजिए और आप एक सुरक्षा-कंबल या चूसने के लिए अंगूठा अथवा पकड़ने के लिए एक स्कर्ट पाएँगे। बदले में क्या देना है ? अनिश्चितता! असुरक्षा!

चिंतन क्षेत्र : उन्होंने अपने रास्ते इसलिए नहीं चुने कि वे आसान थे, बल्कि इसलिए कि वे कठिन थे।

क्रॉस वर्ड पहेली

P	R	O	B	L	E	M	H	T	I	R	A	G	O	L
R	E	E	D	D	I	V	I	D	E	I	L	P	P	A
O	V	Q	S	T	A	T	I	S	T	I	C	S	E	T
D	E	U	U	S	U	B	T	R	A	C	T	N	R	O
U	N	A	L	A	V	E	C	T	O	R	H	O	A	T
C	P	L	U	U	T	O	O	R	I	E	E	I	N	U
T	A	G	C	D	H	I	M	G	C	M	O	T	D	S
G	R	E	L	E	D	E	O	I	T	A	R	C	I	L
E	A	B	A	C	D	N	G	N	D	I	E	A	D	O
O	M	R	C	I	O	O	S	D	P	N	M	R	I	P
M	E	A	A	M	L	S	U	M	O	D	E	F	G	E
E	T	N	E	A	E	W	R	E	G	E	T	N	I	G
T	E	T	T	L	U	S	E	R	O	R	R	E	T	N
R	R	Y	L	P	I	T	L	U	M	O	R	E	G	A
Y	T	L	I	B	A	B	O	R	P	D	N	U	O	R

ADD	LESS	RANGE
ALGEBRA	LOGARITHM	RATIO
APPLIED	LOGIC	REMAINDER
CALCULUS	MEDIAN	RESULT
DECIMAL	MODE	ROOT
DIGIT	MORE	ROUND
DIVIDE	MULTIPLY	SLOPE
EQUAL	ODD	STATISTICS
EQUATION	OPERAND	SUBTRACT
ERROR	PARAMETER	SUM
EVEN	PI	THEOREM
FRACTION	PROBABILTY	TOTAL
GEOMETRY	PROBLEM	TRIGONOMETRY
INTEGER	PRODUCT	VECTOR

□

17
परीक्षा-जनित चिंता

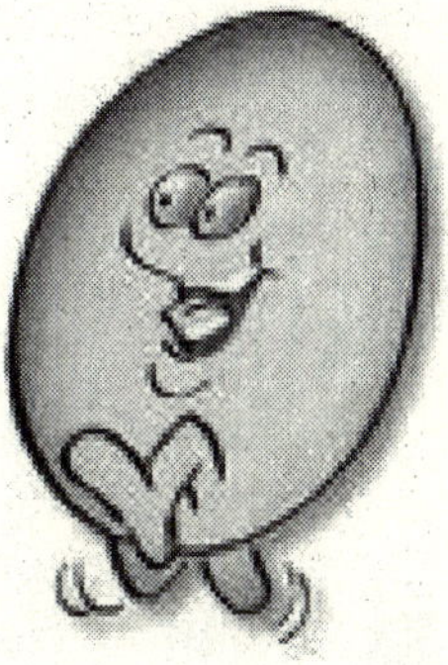

परीक्षा-जनित चिंता क्या है?

चिंता किसी भी उम्र में प्रतिस्पर्धा का एक स्वाभाविक भाग है। परीक्षा एक ऐसा शब्द है, जिससे भय उत्पन्न होता है। आपने चाहे कितनी भी परीक्षाएँ क्यों न दी हों, इन परीक्षाओं के साथ सदैव ही कुछ तनाव जुड़ा रहता है। परीक्षा संबंधी चिंताएँ सामान्यत: विषय को अच्छी तरह तैयार न किए जाने का परिणाम ही हुआ करती हैं। ये चिंताएँ परीक्षा में फेल हो जाने के भय से भी होती हैं। चिंता आपके कार्य-संपादन को या तो बाधित कर सकती है अथवा उसमें सुधार कर सकती है। 'परीक्षा की चिंता परीक्षाओं से उत्पन्न भय के कारण नहीं है, बल्कि यह अच्छी तरह तैयारी न कर पाने के कारण उत्पन्न भय की वजह से होती है।'

छात्रों के जीवन में परीक्षाओं की तैयारी करना और उनमें सम्मिलित होना बहुत महत्त्वपूर्ण एवं तनावपूर्ण स्थितियाँ हैं। कुछ सीमा तक तो परीक्षा-जनित तनाव सामान्य है। इससे अध्ययन में एकाग्रता उत्पन्न करने के साथ-साथ सतर्क और प्रेरित बने रहने में सहायता मिलती है तथा यह वास्तव में आपके शैक्षिक कार्य-संपादन में सुधार ला

सकता है। कुछ छात्र बहुत अधिक चिंता का अनुभव करते हैं, जो उनकी प्रगति में बाधक हो सकता है। शोध से यह पता चला है कि अधिक चिंताग्रस्त छात्रों को कम चिंताग्रस्त छात्रों की अपेक्षा परीक्षा में कम अंक प्राप्त होते हैं। ऐसा उस स्थिति में भी होता है, जब दो समूहों के छात्रों की योग्यता और तैयारी लगभग बराबर होती है। चिंता सदैव भय और आशा के बीच निवास करती है।

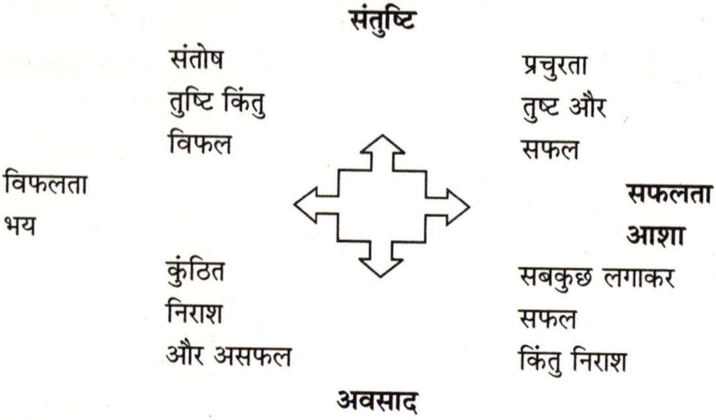

☑ परीक्षा-जनित चिंताओं के लक्षण

अनेक छात्रों ने परीक्षा के पहले अथवा परीक्षा के दौरान चिंता के निम्न लक्षणों को अभिव्यक्त किया है। कुछ छात्र तो परीक्षा-जनित चिंता के लक्षणों और परिणामों को सीखने और ध्यान की अन्य समस्याओं के साथ मिश्रित कर देते हैं। यदि आपको सीखने और ध्यान केंद्रित करने में कठिनाई हो रही है तो तैयारी करते समय और परीक्षा के दौरान आपके अधिक चिंताग्रस्त होने की संभावना है।

शारीरिक	व्यावहारिक	सांवेगिक
थकान	अशांत निद्रा	तनाव
सीने में दर्द	कक्षा में न जाना	चिंता
सिर दर्द	टाल-मटोल	चिड़चिड़ापन
पेट खराब होना	अधिक सोचना	हताशा
मांसपेशियों में तनाव	कैफीन का अधिक इस्तेमाल	भ्रमित होना
हृदय गति तीव्र	ध्यान हटना	घबराहट
सिर में हलकापन	बेचैनी	व्याकुलता की अनुभूति

परीक्षा-जनित चिंता से मुक्ति के उपाय

किसी भी परीक्षा में श्रेष्ठ प्रदर्शन करने का सबसे अच्छा तरीका यह है कि अपनी तैयारी अच्छी तरह कर ली जाए। इस नियम का कोई अपवाद नहीं है। यदि आप विषय अच्छी तरह नहीं जानते हैं तो कोई भी तरीका सहायक नहीं होगा। आपके पास जो कुछ है और आप जहाँ भी हैं, वहीं आप जो कर सकते हैं, वह कीजिए। सफलता सरल है। जो सही है, सही तरीके से और सही समय पर उसे कीजिए। प्रत्येक पाठ्यक्रम के लिए एवं परीक्षाओं के कार्यक्रम के अनुरूप हर निर्देशित अवधि में उपयुक्त तारीखें काफी पहले निश्चित कर लें, ताकि आप अपनी योजना आवश्यकतानुरूप बना सकें।

- अध्ययन के लिए अपना एक समूह बनाएँ। अन्य छात्रों के साथ अध्ययन-सत्र की योजना बनाएँ, जिसमें कक्षा के नोट्स की समीक्षा करें और परीक्षा के लिए महत्त्वपूर्ण प्रश्नों को निर्मित करने एवं उनके उत्तर तैयार करने में एक-दूसरे की मदद करें।
- परीक्षा के लिए अपनी तैयारी पूर्ण रूप से करें। अध्ययन सामग्री को भली-भाँति जान लेने से आपका आत्मविश्वास बढ़ेगा और आपकी चिंता कम होगी। इस तरकीब को सफल बनाने के लिए अपने कार्यक्रमों को व्यवस्थित एवं अच्छी तरह करें, ताकि आपको तैयारी के लिए पर्याप्त समय मिल सके।
- परीक्षा में जिन चीजों की आवश्यकता पड़ सकती है, उन्हें पहले से ही प्राप्त कर लें। कैलकुलेटर अथवा पैमाना आदि ढूँढ़ने के लिए अंतिम क्षण की प्रतीक्षा न करें। परीक्षा के पहले जितनी कम चिंता होगी, आपके लिए उतना ही बेहतर होगा।
- परीक्षा के पूर्व की रात में अच्छी तरह सो लें। परीक्षा में अच्छे प्रदर्शन के लिए अधिकांश छात्रों को यह अनिवार्य है।
- परीक्षा में समय से पहुँचें। परीक्षा तक दौड़ते हुए पहुँचना अथवा देरी से पहुँचने से आपकी चिंताएँ बढ़ेंगी। परीक्षा का समय और स्थान आपको पहले ही दोबारा जाँच लेना चाहिए।
- अपने चिंतन के प्रति सतर्क रहें। क्या आप अपने आपसे कह रहे हैं कि 'मैं असफल होने जा रहा हूँ', 'मैं परीक्षा के दौरान सदैव ही किंकर्तव्यविमूढ़ हो जाता हूँ' अथवा क्या आप यह कहते हैं कि 'मैं इस परीक्षा को आसानी से दे सकता हूँ', 'मैं परीक्षा के दौरान शांत बना रहूँगा?' तनावपूर्ण स्थितियों से अधिक प्रभावशाली ढंग से निपटने में सकारात्मक चिंतन

आपकी सहायता कर सकता है।

- वर्तमान पर अपना ध्यान केंद्रित करें। पिछली या अगली परीक्षाओं के बारे में सोचने का प्रयास न करें। दूसरे छात्र क्या कर रहे हैं, इस पर भी ध्यान न देने की कोशिश करें।
- प्रश्न-पत्र को ध्यानपूर्वक पढ़ने में समय लगाएँ। कठिन प्रश्नों को हल करने से पूर्व उन प्रश्नों का उत्तर लिखें, जो आसान हैं और जिनके उत्तर के बारे में आप आश्वस्त हैं। इससे आत्मविश्वास बढ़ता है और आपको अपनी प्रवीणता की अनुभूति होती है।
- प्रश्नोत्तरों को पूरा कर लेने के बाद उन्हें दोबारा जाँच लें। परीक्षा के बाद अपने प्रयासों का मूल्यांकन करें। कठिनाई वाले क्षेत्रों पर ध्यान दें। अपनी सफलताओं को स्वीकार करें और अपनी कार्य-कुशलता में वृद्धि करने के लिए सदैव तैयार रहें।

अनिद्रा से बचा जा सकता है

मस्तिष्क और शरीर को स्वस्थ रखने के लिए निद्रा जरूरी है। यह दैनिक कार्यों के लिए भी जरूरी है, क्योंकि अनिद्रा हमारे स्वास्थ्य, हमारी मन:स्थिति, व्यवहार, संबंधों, कार्यों और विद्यालय में हमारे प्रदर्शन को प्रभावित कर सकती है। प्रत्येक व्यक्ति के लिए निद्रा की मात्रा की आवश्यकता में अंतर होता है। अच्छी निद्रा कुछ लोगों के लिए कुछ घंटों की तो कुछ अन्य लोगों के लिए दस घंटे से अधिक की हो सकती है। अनिद्रा उस समय उत्पन्न होती है, ज़ब लोगों को नींद आने में या सोए रह पाने में कठिनाई होती है अथवा जब वे नींद से जागते हैं तो तरोताजा महसूस नहीं करते। यह कष्ट, थकान और दिन भर के कार्यों के प्रदर्शन से संबंधित है।

अनिद्रा के कारण

याद रखिए कि उत्तेजना के दौरान या तनावयुक्त अथवा चिंतित रहते हुए निद्रा संबंधी अल्पकालिक समस्याएँ महसूस करना एक सामान्य स्थिति है। अनिद्रा विकसित होने के अनेक कारक हो सकते हैं—

- निद्रा संबंधी अस्वास्थ्यकर आदतें (जैसे निर्धारित समय पर न सोना या न जागना) और दूषित जीवन-शैली (जैसे खान-पान में गड़बड़ी और व्यायाम का अभाव आदि)।
- मनोवैज्ञानिक समस्याएँ और दीर्घकालिक तनाव (जैसे संबंधों में खटास,

निरंतर बनी रहनेवाली शैक्षिक चिंताएँ आदि)।

- स्वास्थ्य संबंधी समस्याएँ (जैसे एलर्जी, पुराना कमर दर्द, हार्मोन संबंधी परिवर्तन आदि)।

अनिद्रा दूर करने के उपाय

यद्यपि अनिद्रा का कोई एक निश्चित उपचार नहीं है, किंतु निम्नलिखित कुछ सुझाव लाभकारी हो सकते हैं। यदि अनिद्रा लगातार बनी रहती है और आपके दैनिक जीवन को बाधित करती है तो अपने पारिवारिक चिकित्सक से भी संपर्क कर सकते हैं।

- सोने और जागने का एक निश्चित समय तय कर लें (अर्थात् सोने के लिए बिस्तर पर एक निश्चित समय पर ही जाएँ और सुबह एक निश्चित समय पर उठ जाएँ)। आपके शयनकक्ष का वातावरण आरामदायक होना चाहिए। अनेक लोगों का यह अनुभव है कि शांत और अँधेरे से युक्त शयनकक्ष निद्राजनक होता है। निद्रा के दौरान व्यवधानों को कम करने का प्रयास करें।
- देर रात अधिक मात्रा में गरिष्ठ भोजन या नाश्ता न लें। इससे आपको जलन और अपच की शिकायत हो सकती है। पोषण-युक्त भोजन करने का प्रयास करें। जो लोग अपने भोजन में पोषण तत्त्वों का समावेश नहीं करते हैं, वे अनिद्रा के शिकार हो सकते हैं। कैफीन के अधिक इस्तेमाल से बचें। प्रतिदिन दो कप कॉफी या दो बोतल कोला भी आपकी निद्रा को बाधित कर सकते हैं।
- नियमित रूप से व्यायाम करें। सप्ताह में कई बार 20 से 30 मिनट का व्यायाम निद्रा उत्पन्न करने में सहायक हो सकता है। याद रखिए कि निद्रा से संबंधित समस्याएँ मानसिक अशांति, जैसे निराशा या चिंता से संबंधित हो सकती हैं। यदि आप ऐसी स्थिति का अनुभव करते हैं तो अपने मनोचिकित्सक से भी मिल सकते हैं।

15 मिनट व्यायाम

अपनी प्रतिभा और परिश्रम के साथ विज्ञान के प्रति रचनात्मक दृष्टिकोण, सतत ईमानदारी और परिणाम की परवाह किए बिना निरंतर सत्य का अनुशीलन करते रहने पर आप सबकुछ प्राप्त करने की आकांक्षा कर सकते हैं; परंतु सबसे

प्रमुख स्वास्थ्य है, जिसके बिना प्रसन्नता नहीं मिलती। एक स्वस्थ, ऊर्जावान् और सृजनात्मक जीवन के लिए चिकित्सकों द्वारा उतनी दृढ़ता से और कुछ भी निर्धारित नहीं किया जाता जितना कि व्यायाम। स्वस्थ तन और मन के साथ आप अपने लक्ष्यों को प्राप्त कर सकते हैं।

व्यक्ति प्रतिदिन रात को सोता है, ताकि वह सुबह बड़ा, बेहतर और अधिक बुद्धिमान बनकर पुनः जगे। हम अविश्वसनीय रूप से भाग-दौड़ भरी जिंदगी जीते हैं और कम-से-कम के साथ अधिक-से-अधिक करते हैं। इसके परिणामस्वरूप उत्पन्न होनेवाले तनाव को आप उसके द्वारा धराशायी किए जाने के पहले ही पछाड़ सकते हैं। निद्रा की गोद में जाने से पहले बिस्तर पर 15 मिनट लेटने के बाद उठ खड़े हों और कुछ ऐसा करें, जिससे आपको आराम मिले। इसके बाद पुनः सोने जाएँ।

☑ विश्राम

शारीरिक, मानसिक और आध्यात्मिक विश्राम एक मानवीय आवश्यकता है। तनाव और घबराहट उत्पन्न करनेवाले शरीर के कुछ संकेतों को पहचानिए। अपने प्रसन्न चेहरे को देखने अथवा तनावयुक्त परिस्थितियों में सहायक किसी आंतरिक शब्द या ध्वनि को सुनने के लिए अपने अंदर झाँकिए। धीरे-धीरे गहरी साँस लीजिए और साँस धीरे-धीरे बाहर निकालिए। तनावयुक्त वायु को बाहर निकलते और शांत व ठंडी हवा को अंदर जाते महसूस कीजिए।

☑ व्यायाम

तनाव के प्रभावों से शरीर को मुक्त करने का व्यायाम एक उत्कृष्ट तरीका है। व्यायाम तनाव के दुष्प्रभावों को नष्ट कर देता है और शरीर को स्वाभाविक स्थिति में वापस आने में सहायता करता है। इससे चिंता और निराशा में कमी आती है एवं शांति व मंगल का एहसास बढ़ता है।

मनोरंजन

प्रत्येक व्यक्ति को प्रतिदिन खेलने का एक कार्यक्रम रखना चाहिए। इसे एक स्वाभाविक स्वास्थ्यवर्धक अभ्यास समझना चाहिए। यह मस्तिष्क के लिए परिवर्तन प्रदान करता है और हमारे ध्यान के केंद्र को समस्याओं से हटाकर स्वयं-चयनित एवं व्यक्तिगत रूप से संतोषप्रद क्रिया में लगाता है।

अपनी भावनाओं को अभिव्यक्त करें

अपने तनावों से मुक्त होने का संभवत: सबसे महत्त्वपूर्ण तरीका यह है कि अपनी भावनाओं को दूसरों से अभिव्यक्त किया जाए। अपनी अनुभूतियों को सीधे तरीके से कहना बहुत लाभकारी हो सकता है। दूसरा व्यक्ति उसे सुनता है और स्वीकार करता है। कभी-कभी तो बस इतने ही की जरूरत होती है। अपनी भावनाओं को अभिव्यक्त करनेवाली तसवीरें बनाना अथवा अपनी अनुभूतियों और विचारों को एक कॉपी या डायरी में लिखना भी लाभकारी हो सकता है।

प्रेरणा तरंग : चिंता सदैव ही भय और आशा के बीच रहती है।

मन में रखिए : आप उस खेल को कभी नहीं जीत सकते, जिसे आप खेलते ही नहीं हैं।

चिंतन क्षेत्र : वास्तविक संकट तो संकट-विहीन जीवन जीने में है।

□

18
संयुक्त प्रवेश परीक्षा की उलटी गिनती

परीक्षा के लिए अंतिम दौड़

यदि आप अपनी समय-सारणी के अनुरूप कार्य करते रहें तो अंतिम कुछ दिनों में पसीना बहाने से बच सकते हैं; किंतु अनेक लोगों के लिए यह प्रयास विवेकपूर्ण है कि कम-से-कम अंतिम दिनों में अध्ययन की तीव्रता को कम करके थोड़ा आराम पाया जाए। शीघ्र ही प्रारंभ होनेवाली परीक्षा के लिए जब आप परीक्षा भवन के सामने एकत्रित होकर कक्षा में जाने का इंतजार कर रहे होते हैं, तब परीक्षा के बारे में अपने सहपाठियों से बहस न करें। इसी प्रकार परीक्षा के बाद भी प्रश्न-पत्र के बारे में विचार-विमर्श न करें, विशेषकर उस स्थिति में जब आपकी दूसरी परीक्षा थोड़ी ही देर बाद शुरू होने वाली हो। परीक्षा के बाद अपने सहपाठियों के साथ अथवा स्वयं प्रश्न-पत्र के 'पोस्टमार्टम' में प्रवृत्त न हों, क्योंकि इस प्रकार की विवेचनाएँ उत्साहित करने की बजाय अधिकतर निरुत्साहित ही करती हैं और अगली परीक्षा की तैयारी से ध्यान हटा देती हैं।

परीक्षा के अंतिम छह दिन

एक छात्र के लिए समय सबसे महत्त्वपूर्ण संसाधन है। सभी संसाधनों में सबसे अधिक बरबाद भी किया जाता है। जो समय-सारणी आप तैयार करते हैं, उससे यह सुनिश्चित होता है कि आप अपने उपलब्ध समय को किस प्रकार बाँटकर अधिक-से-अधिक रचनात्मक ढंग से उपयोग करते हैं। अपने कार्यक्रम पर टिके रहना मुश्किल हो सकता है। अपना कीमती समय बरबाद न करें। अध्ययन से जी चुराना संसार में सबसे आसान है। यह आप पर निर्भर है कि जिस समय-सारणी को आपने बनाया है, उसका पालन करें। आई.आई.टी. संयुक्त प्रवेश परीक्षा में आपकी सफलता काफी हद तक मात्र इस सच्चाई पर निर्भर है—

संसार में सबसे बहुमूल्य संसाधन समय है। कमान से निकले हुए तीर की तरह यह वापस नहीं आता।

तैयारी का आदर्श तरीका यह है कि परीक्षा से काफी पहले ही अध्ययन और पढ़ाई पूरी कर ली जाए; किंतु यदि आपको अच्छी तरह रटना ही हो तो एक व्यवस्थित और नियंत्रित तरीका अपनाना ही सर्वोत्तम होता है। सबसे पहले आपको इस बात के प्रति सजग होना पड़ेगा कि आप क्या सीख सकते हैं और फिर सामग्री को व्यावहारिक सीमा में एकत्रित करना होगा। याद रखिए कि रटना उतना प्रभावकारी नहीं हो सकता जितना कि परीक्षा से काफी पूर्व सचेतन रूप से विषय को समझना और अध्ययन करना। परीक्षा के अंतिम दिनों की योजना को बदलकर अपनी परिस्थिति के अनुरूप इस्तेमाल किया जा सकता है। ऐसा महसूस हो सकता है कि असामान्य और अज्ञात सूचनाओं का एक पहाड़ हमारे सामने है। कार्य असंभव प्रतीत हो सकता है, किंतु एक अच्छी तरह तैयार की गई योजना पर कार्यरत रहकर यह आसान हो जाता है।

अंतिम दिनों के पूर्व

उपलब्ध समय को दिन के अनुसार व्यवस्थित कर लें। तीन-चार प्रमुख संकल्प होने चाहिए। अपने नोट्स की समीक्षा करें और उसमें जो आप नहीं समझते हैं, उन्हें घेरकर रखें, फिर उन्हें पुस्तकों में देखें।

परीक्षा के पूर्व छठे दिन : मूल्यांकन

- परीक्षा में कौन से भाग शामिल किए जाएँगे? क्या यह एक संचयी

परीक्षा है या नहीं? मैं किन सामग्रियों के लिए जिम्मेदार हूँ?

- क्या मैंने संपूर्ण सामग्री पढ़ ली है? यदि नहीं, तो संभवतः अब सबकुछ पढ़ने के लिए समय नहीं बचा है। यदि आपने लगभग सबकुछ तैयार कर लिया है तो आगे बढ़िए और पूरा कीजिए।
- परीक्षा में पूछी जानेवाली सामग्री में प्रमुख विषय कौन से हैं? शिक्षक परीक्षा में किन विषयों पर अधिक जोर दे सकते हैं? कक्षा में बनाए गए नोट्स और शिक्षक द्वारा अधिक ध्यान देकर पढ़ाए गए विषय की समीक्षा तथा वे विषय जिन पर उन्होंने अधिक समय दिया, परीक्षा में पूछे जा सकने वालेविषयों के अच्छे सूचक हो सकते हैं।
- क्या मैं अध्ययन सामग्री को अच्छी तरह समझता हूँ? यदि अध्ययन सामग्री अच्छी तरह समझ ली गई है तो उसे आसानी से याद रखा जा सकता है। यदि आप किसी विषय को नहीं समझते हैं तो उसे आपको अपने शिक्षक अथवा किसी मित्र से पूछकर समझ लेना चाहिए।
- किस प्रकार की स्मृति पर जोर दिया जाएगा? आपसे सूचनाओं को (सरल प्रकार की) पुनः स्मरण करने के लिए कहा जा सकता है अथवा सही उत्तरों को (वस्तुनिष्ठ प्रकार के) सिर्फ पहचानने के लिए।

☑ परीक्षा के पूर्व पाँचवें दिन

यह निर्णय करें कि कितनी और पृष्ठभूमिवाली सामग्रियों की आपको आवश्यकता है अथवा परीक्षा के पूर्व उपलब्ध समय में आप कितना और सीख सकते हैं? यह एक महत्त्वपूर्ण और समीक्षात्मक कदम है, क्योंकि अध्ययन सामग्री को उपलब्ध समय-सीमा के अनुरूप संपादन योग्य बनाने के लिए आपको उसे कुछ छाँटना पड़ सकता है। ऐसी स्थिति में आप अपना भाग्य आजमा सकते हैं और अपने प्राप्त ज्ञान से अनुमान लगा सकते हैं कि परीक्षा में क्या पूछा और क्या नहीं पूछा जा सकता है। तत्पश्चात् उन्हीं अध्यायों को पढ़ें, जिन्हें आप समझते हैं कि वे परीक्षा में पूछे जा सकते हैं।

☑ परीक्षा के पूर्व चौथे दिन

- क्या आपने अध्ययन सामग्री की एक रूपरेखा तैयार कर ली है? आपको एक या दो पृष्ठों में अध्ययन सामग्री की मुख्य-मुख्य बातों और विशेष बिंदुओं पर जोर देते हुए एक सामान्य रूपरेखा तैयार कर लेनी चाहिए।

अव्यवस्थित एवं लंबे नोट्स की तुलना में एक व्यवस्थित रूपरेखा को याद रखना आपके लिए आसान होगा।

- क्या आपकी रूपरेखा में संपूर्ण सामग्री के प्रमुख अंश आ गए हैं, जिन्हें आपको परीक्षा के लिए जानना चाहिए?

परीक्षा के पूर्व तीसरे दिन

पिछले दिन की सामग्री पर स्वयं से प्रश्न करें अथवा किसी मित्र की सहायता से अपनी परीक्षा लें। यह निर्णायक कदम है, क्योंकि यही वास्तव में 'रटने' की अवस्था है। यही वह समय है, जब आप सामग्रियों को अपने मन में अच्छी तरह भर लेने का प्रयास करते हैं।

- क्या आपने उन प्रकरणों को पढ़ लिया है, जिन्हें आपको सबसे ज्यादा याद रखने की जरूरत है? जिन विषयों को आप सबसे पहले पढ़ते हैं, वे अधिक सही तरीके से और लंबे समय तक याद रहते हैं।
- क्या आप संपूर्ण खंड को एक ही बार में याद कर लेते हैं? यह संभव है कि परीक्षा में एक संपूर्ण खंड पूछा जाए और आपसे उस सामग्री को पुनः स्मरण करने के लिए कहा जाए। इसलिए संपूर्ण सामग्री को पूरी रूपरेखा के साथ याद कर लेना ही श्रेष्ठ है।
- क्या आप अध्ययन सामग्री की एक मानसिक छाप बना लेते हैं? यदि आप अपने मन में सामग्री की रूपरेखा का दर्शन कर सकते हैं तो आपकी स्मरण-प्रक्रिया काफी प्रभावकारी हो जाएगी और आपका विषय-ज्ञान भी काफी परिपूर्ण हो जाएगा। यदि आप चाहें तो विषय को अपने मन में किसी अन्य संदर्भ से भी जोड़ सकते हैं।

क्या आप उपलब्ध सामग्री से स्वयं अपने उदाहरण, प्रयोग और चित्र आदि तैयार कर सकते हैं? यह संपूर्ण सामग्री पर लागू नहीं होता। यदि आप विषय को समझाते हुए अपने उदाहरण स्वयं तैयार कर सकते हैं तो यह सामान्यतः इस बात की ओर इंगित करता है कि अध्ययन सामग्री पर आपकी पकड़ अच्छी है।

परीक्षा के पूर्व दूसरे दिन

आज पुनः अपनी एक परीक्षा लीजिए। संपूर्ण विषय पर अपने ज्ञान का परीक्षण कीजिए। अच्छा तो यह होगा कि अपने किसी मित्र के साथ बैठकर एक प्रश्नोत्तर सत्र में भाग लें। परीक्षा से पूर्व वाली रात में यह सत्र-कार्यक्रम करना

उचित नहीं होगा, क्योंकि दूसरा व्यक्ति आपकी प्रगति को बाधित कर सकता है अथवा जो आप जानना चाहते हैं, वह उस पर अपना ध्यान केंद्रित नहीं कर सकता है (जब आप किसी मित्र को पढ़ाते हैं तो स्वयं बहुत अधिक सीखते हैं)। अपने नोट्स में उन विषयों को प्रमुखता से प्रदर्शित करें, जिन्हें आप भी नहीं जानते अथवा जिनके प्रति आपको संदेह है।

☑ परीक्षा से एक दिन पूर्व : समीक्षा

परीक्षा से एक दिन पहले यह सुनिश्चित कर लें कि आपने अपनी अध्ययन सामग्री का पूर्वाभ्यास कर लिया है। जब आप अध्ययन सामग्री के विभिन्न खंडों को अच्छी तरह सीख चुके हों तो फिर समग्र सामग्री को एक साथ कई बार पढ़ जाएँ।

उन मुख्य-मुख्य सूचनाओं की एक सूची बनाएँ, जिन्हें आप अब भी नहीं जानते हैं। अब इन्हें पढ़िए और उन छोटे-छोटे विवरणों को भी जानिए, जिन्हें अब तक आपने छोड़ रखा है। अब तक आपको विषय की पृष्ठभूमि सहित सबकुछ जान लेना चाहिए। परीक्षा के पहले वाली रात में यदि आपने पर्याप्त निद्रा नहीं ली है तो आपने जो कुछ अन्य प्रकार से सीखा है, उससे कहीं ज्यादा भूल सकते हैं। सोने के लिए बिस्तर पर जल्दी जाएँ।

☑ परीक्षा के दिन

सुबह जल्दी उठें, ताकि संपूर्ण सामग्री को एक बार फिर दोहरा सकें। परीक्षा के दिन सुबह सामग्री को दोहरा लेने से सबकुछ आपके मस्तिष्क में ताजा बना रहेगा। परीक्षा के तुरंत पहले अध्ययन करने का प्रयास न करें। इससे आपके मन में सामग्री के संबंध में द्विविधा उत्पन्न हो सकती है।

☑ परीक्षा के ठीक पहले की तैयारी

- परीक्षा में जाने के पूर्व हलका भोजन करें। गरिष्ठ और अधिक मात्रा में भोजन करने से बचें।
- परीक्षा के दिन आरामदायक कपड़े पहनें। चुस्त कपड़े पहनने से बचें।
- परीक्षा के पूर्व वाली रात में अच्छी नींद लें, उत्तेजनाकारी पदार्थों (स्टिमुलेंट्स) का उपयोग न करें।

- आप कम-से-कम दो पेन, दो मुलायम लीड वाली एच.बी. पेंसिल, एक अच्छा रबड़ और आवश्यकता की अन्य लेखन-सामग्रियों को पहले से तैयार करके रख लें और अपने साथ परीक्षा भवन में ले जाएँ।
- परीक्षा भवन में निर्धारित समय से पहले पहुँचें।
- अपना प्रवेश-पत्र ले जाना न भूलें।

☑ परीक्षा के दौरान

अपने साथ एक घड़ी ले जाएँ और उसे मेज पर किसी उपयुक्त स्थान पर रख दें। अपना गति-क्रम निर्धारित कर लें। प्रत्येक प्रश्न के लिए औसत समय निश्चित करें। सरल प्रश्नों पर अधिक समय न लगाएँ। यदि आपको किसी प्रश्न के उत्तर के बारे में संदेह है तो आप जो सही समझते हैं वही अपनी उत्तर-पुस्तिका में लिखें और अपने प्रश्न-पत्र पर चिह्नित कर लें, ताकि यदि आपके पास कुछ अधिक समय बच जाए तो उस प्रश्न पर बाद में पुनः विचार कर सकें। परीक्षा के दौरान समय-समय पर यह सुनिश्चित करते रहें कि आप प्रत्येक प्रश्न के लिए अपने निर्धारित गति-क्रम को किस सीमा तक पूरा कर पा रहे हैं। यदि आपको किसी प्रश्न विशेष के उत्तर के लिए कोई विचार-सूत्र नहीं मिल पा रहा है तो उसे छोड़कर आगे बढ़ जाएँ और बाद में उस पर पुनर्विचार करें। इस प्रश्न पर दोबारा विचार करते समय भी यदि आपको कोई संकेत याद नहीं आ रहा है तो याद रखिए कि सभी उत्तरों को कोई नहीं जानता।

आप सौभाग्यशाली हों!

परीक्षा पूरी करने के बाद

अपने कार्य का मूल्यांकन करें। निम्नलिखित वाक्यांश को पूरा करें और उन सभी कारणों को लिखें, जिन्हें आप उचित समझते हैं—

परीक्षा से मुझे डर लगता है, क्योंकि :

....

....

परीक्षा में अच्छा न कर पाने के अनेक बहाने हैं। सामान्यतः छात्रों द्वारा परीक्षा में उत्कृष्ट प्रदर्शन न कर पाने का प्रमुख कारण यह है कि वे अच्छी तरह

तैयारी नहीं करते।

प्रेरणा तरंग : परीक्षा में लिखना प्रारंभ करने के पहले अपनी आँखे बंद करें और एक गहरी साँस लें, आराम महसूस करें एवं डरें नहीं। यदि आप परिणाम के प्रति पर्याप्त सावधानी बरतते हैं तो आप लगभग सदैव ही सफलता प्राप्त कर सकते हैं।

मन में रखिए : आप उस व्यक्ति को भूल सकते हैं, जिसके साथ हँसे हैं; किंतु उसे कभी नहीं भूल सकते, जिसके साथ रोए हैं।

चिंतन क्षेत्र : जब आप मनचाही ऊँचाई पर पहुँच जाते हैं तो और इच्छाएँ जाग्रत् होती हैं तथा आपकी क्षुधा और विकसित होती है एवं प्यास और अधिक प्यास के साथ बढ़ती जाती है।

□

19

भारतीय प्रौद्योगिकी संस्थान का परिचय

भारत की वैज्ञानिक विरासत

''जीवन को समझने और उसे निपुण बनाने पर विज्ञान की शिक्षा का विशेष बल होना चाहिए। हमारे दैनिक जीवन में महसूस की जानेवाली दैनिक प्रक्रियाओं और संदर्भों की प्रासंगिकता ही कॉलेज से पहले और कॉलेज में दोनों ही स्तरों पर छात्रों के विज्ञान में रुचि और सहभागिता का कारण है।'

भारत की समृद्ध वैज्ञानिक विरासत को बड़ी संख्या में लोगों ने अपना योगदान दिया है। अलबेरुनी जैसे लोगों ने, जो यद्यपि अरब के निवासी थे, भारत में रहकर मध्य युग में सत्य की अपनी खोजों के कठिन प्रयासों के दौरान बड़े विस्तृत कार्य किए और वैज्ञानिक प्रयोगों को नई शब्दावली दी। भौतिकशास्त्र में अपने कार्यों के लिए सन् 1920 में नोबेल पुरस्कार से सम्मानित सी.वी. रमन जैसे आधुनिक शोधकर्ताओं ने तो भारत को शोध के अत्यंत प्रतिस्पर्धात्मक क्षेत्र में अंतरराष्ट्रीय ख्याति-संपन्न देश के रूप में स्थापित किया।

एक ऐसे समाज में, जहाँ विज्ञान और संस्कृति अंतरंग रूप से एक-दूसरे में

गुँथे हुए हैं, जवाहरलाल नेहरू जैसे राजनीतिज्ञों ने ऐसे शैक्षिक और सरकारी कार्यक्रमों एवं संस्थानों को स्थापित करने में महत्त्वपूर्ण भूमिका निभाई, जिसने वैज्ञानिक अन्वेषकों की लंबी परंपरावाले लोगों के बीच विज्ञान को एक सम्मानित प्राथमिकता प्रदान की है। भारतीय प्रौद्योगिकी संस्थान एक ऐसा शैक्षिक संस्थान है, जहाँ आपके व्यक्तित्व की इस प्रकार देखभाल की जाएगी कि आप एक अंतरराष्ट्रीय स्तर के व्यक्ति बन जाएँगे। व्यापार जगत् में वैश्विक स्तर पर कम-से-कम एक और राष्ट्रीय स्तर पर दस श्रेष्ठ व्यक्तियों में चार आई.आई.टी. से शिक्षित हैं। इसके अलावा सिलिकॉन वैली में कार्यरत श्रेष्ठ लोगों में लगभग 20 प्रतिशत आई.आई.टी. से शिक्षा प्राप्त कर चुके हैं।

आई.आई.टी. का परिचय

भारतीय प्रौद्योगिकी संस्थान राष्ट्रीय महत्त्व के ऐसे संस्थान हैं, जिन्हें संसद् से पारित कानून द्वारा स्थापित किया गया है। विश्व के उन्नत देशों के समतुल्य ये संस्थान प्रौद्योगिकी-संपन्न श्रम-शक्ति और शोध परियोजनाओं के विकास में प्रमुख भूमिका निभाते हैं। इन संस्थानों के स्नातक पाठ्यक्रमों में भारतीयों और विदेशी नागरिकों का प्रवेश संयुक्त प्रवेश परीक्षा के माध्यम से होता है। बनारस हिंदू विश्वविद्यालय, वाराणसी का प्रौद्योगिकी संस्थान इंजीनियरिंग के विभिन्न विषयों की शिक्षा में समर्पित देश के प्राचीनतम संस्थानों में एक है। इसी प्रकार इंडियन स्कूल ऑफ माइंस, धनबाद, जिसे एक विश्वविद्यालय माना जाता है, भारत में अपनी तरह का एक प्राचीनतम संस्थान है। इन संस्थानों में प्रवेश संयुक्त प्रवेश परीक्षा के माध्यम से ही होता है। ये संस्थाएँ प्रमुख क्षेत्रों में गुणवत्ता-संपन्न प्रौद्योगिकी एवं वैज्ञानिक शिक्षा तथा शोध के लिए विख्यात हैं। इन संस्थाओं का वातावरण व्यक्ति के निम्नांकित विकास में अत्यंत सहायक हैं—

- ज्ञान के ठोस आधार का निर्माण।
- व्यक्तित्व का विकास।
- दृढ़ आत्मविश्वास।
- प्रेरणा और प्रवृत्ति के माध्यम से सृजनात्मकता की वृद्धि ऐसे सुप्रशिक्षित व्यावसायिक व्यक्तियों के विकास में सहायक होती है, जो व्यावसायिक और सामाजिक जीवन की कठिनाइयों का सफलतापूर्वक समाधान करते हैं।
- कामकाज में उत्कृष्टता एवं आत्मानुशासन।

भारत के एकमात्र इंजीनियरिंग क्लब का विस्तार किया गया है। केंद्रीय मानव संसाधन विकास मंत्रालय ने बिहार, राजस्थान और आंध्र प्रदेश में तीन नए आई.आई.टी. खोलने की योजना बनाई थी; किंतु अब निर्णय लिया गया है कि कुल छह नए भारतीय प्रौद्योगिकी संस्थान खोले जाएँगे। उपर्युक्त तीन संस्थानों के अलावा तीन और संस्थान उड़ीसा, पंजाब और गुजरात में इसी वर्ष खोले जाएँगे। अब कुल पंद्रह आई.आई.टी. होंगे, जिनमें सीटों की कुल संख्या लगभग 8,000 होगी। इन छह नए आई.आई.टी. के द्वारा 700 से अधिक सीटें बढ़ाई गई हैं। प्रत्येक आई.आई.टी. में 120 सीटें उपलब्ध होंगी और पहले साल तीन पाठ्यक्रम चलाए जाएँगे। अधिकारियों के अनुसार पंजाब, उड़ीसा, राजस्थान, हिमाचल प्रदेश तथा मध्य प्रदेश की आई.आई.टी. कक्षाएँ क्रमशः दिल्ली, कानपुर और खड़कपुर के संस्थानों द्वारा फिलहाल चलाई जाएँगी।

इन संस्थानों द्वारा चलाए जा रहे अनेक इंजीनियरिंग, प्रौद्योगिकी एवं वैज्ञानिक पाठ्यक्रमों छात्रों द्वारा पूरा किए जाने पर उन्हें संबंधित विषयों में स्नातक डिग्री प्रदान की जाती है। इसके अलावा कुछ संस्थानों में ऐसे पाठ्यक्रम भी चलाए जाते हैं, जिनको पूरा किए जाने पर बी.टेक. एवं एम.टेक. की दोनों ही डिग्रियाँ प्रदान की जाती हैं।

✓ संयुक्त प्रवेश परीक्षा का कार्यक्रम

यह परीक्षा अप्रैल महीने के दूसरे रविवार को आयोजित की जाती है।

- 09.00 से 12.00 बजे तक पहला प्रश्न-पत्र।
- 14.00 से 17.00 बजे तक दूसरा प्रश्न-पत्र।

✓ पात्रता

एक छात्र संयुक्त प्रवेश परीक्षा में लगातार दो वर्षों तक बैठ सकता है। वे छात्र इस परीक्षा में भाग ले सकते हैं, जिन्होंने 10+2 अथवा उसके समकक्ष बोर्ड परीक्षा पास कर ली है और कम-से कम 60 प्रतिशत अंक प्राप्त किए हैं (55 प्रतिशत या अधिक अंक अनुसूचित जाति, अनुसूचित जनजाति एवं विकलांग छात्रों के लिए)। यदि किसी बोर्ड द्वारा केवल 'लेटर ग्रेड' दिए जाते हैं तो छात्रों को चाहिए कि वे बोर्ड से एक ऐसा प्रमाण-पत्र प्राप्त करें जिसमें उस 'ग्रेड' के बराबर अंकों का प्रतिशत दिया हुआ हो। यदि किसी बोर्ड ने 'लेटर ग्रेड' को अंकों के प्रतिशत में परिवर्तित करने का कोई नियम निर्धारित नहीं किया है तो संयुक्त प्रवेश

परीक्षा की संयुक्त कार्यान्वित समिति द्वारा निर्धारित मानक ही अंतिम रूप से मान्य होंगे।

परीक्षा का प्रतिरूप

परीक्षा में 3-3 घंटों की अवधि के दो प्रश्न-पत्र होंगे। प्रश्न-पत्र 1 और प्रश्न-पत्र 2 में प्रत्येक में भौतिकशास्त्र, रसायनशास्त्र और गणित के अलग-अलग तीन खंड होंगे। दोनों ही प्रश्न-पत्र वस्तुनिष्ठ प्रकार के होंगे और इस प्रकार बनाए गए होंगे कि उनसे छात्रों की समझ, तार्किक शक्ति एवं विश्लेषणात्मक क्षमता का मूल्यांकन किया जा सके। उन छात्रों का अभिरुचि परीक्षण भी किया जाएगा, जो संयुक्त प्रवेश परीक्षा में सफल होते हैं, किंतु बी.आर्क.(B.Arch.) एवं बी.डिजा. (B.Des.) पाठ्यक्रमों में डिग्री लेना चाहते हैं। भारतीय प्रौद्योगिकी संस्थानों के सभी पाठ्यक्रमों का विवरण एवं अन्य सूचनाएँ वेबसाइट पर उपलब्ध हैं। संयुक्त प्रवेश परीक्षा में 'लॉग टेबल' और 'कैलकुलेटर' का उपयोग वर्जित है।

प्रश्न-पत्रों की भाषा

अंग्रेजी/हिंदी

बी.आर्क. एवं बी.डिजा. पाठ्यक्रमों के लिए अभिरुचि परीक्षण

जो छात्र बी.आर्क. और बी.डिजा. पाठ्यक्रमों में शामिल होना चाहते हैं और जिन्हें परामर्श (Counselling) के लिए बुलाया गया है, उन्हें जून माह में प्रत्येक 'काउंसलिंग' संस्थान में आयोजित की जानेवाली अभिरुचि परीक्षा में भी उत्तीर्ण होना होगा। इस परीक्षा में 2-2 घंटे के दो प्रश्न-पत्र होंगे। ये परीक्षाएँ 10.00 से 12.00 बजे तक और दोपहर 2.00 बजे से 4.00 बजे तक होंगी। जो छात्र इस अभिरुचि परीक्षा में सफल नहीं होते, उन्हें बी.आर्क. और बी.डिजा. पाठ्यक्रमों में प्रवेश नहीं दिया जाएगा। बी.आर्क. और बी.डिजा. पाठ्यक्रमों का अभिरुचि परीक्षण प्रश्न-पत्र केवल अंग्रेजी में ही होगा।

रैंकिंग

केवल उन्हीं छात्रों को रैंकिंग में शामिल किया जाएगा, जिन्होंने दोनों प्रश्न-पत्रों के उत्तर दिए हैं। भौतिकशास्त्र के अंकों को प्रश्न-पत्र 1 और प्रश्न-

पत्र 2 के भौतिकशास्त्र के खंडों में प्राप्त अंकों को जोड़कर लिखा जाएगा। यही तरीका रसायनशास्त्र और गणित के लिए भी अपनाया जाएगा। प्रत्येक विषय में न्यूनतम निर्धारित अंक (Cut off mark) को आधार मानकर और संपूर्ण प्राप्तांकों को ध्यान में रखते हुए एक सामान्य रैंकिंग अथवा वरीयता-सूची तैयार की जाएगी, जिसमें कोई छूट नहीं दी जाएगी। इसके अलावा अनुसूचित जाति, अनुसूचित जनजाति एवं विकलांग छात्रों के लिए अलग से वरीयता-सूची बनाई जाएगी, जिसमें संबंधित वर्ग के छात्रों के लिए दी गई छूट को ध्यान में रखा जाएगा। वरीयता-सूची बनाते समय यदि यह पाया गया कि कोई छात्र छूटवाले एक से अधिक वर्ग में स्थान पाने का अधिकारी है तो उसे उन सभी वर्गों की वरीयता-सूची में स्थान दिया जाएगा, जिसका वह पात्र है। अलग से कोई प्रतीक्षा सूची नहीं बनाई जाएगी।

☑ सूचनाओं के लिए संपर्क करें

संस्थान आई.आई.टी	वेबसाइट	फोन नं.
मुंबई पवई, मुंबई 400 076	http: // www.jee.iitb.ac.in	022 - 25767062 25722601
दिल्ली हौज खास नई दिल्ली 110 016	http: // www.jee.iitd.ac.in	011- 26582002 26591735
गुवाहाटी नार्थ गुवाहाटी 781 039	http: // www.jee.iitg.ac.in	0361- 2690795 2690321-328
कानपुर कानपुर 208 016	http: // www.jee.iitk.ac.in	0512 2597236 2597335
खड़गपुर खड़गपुर	http: // www.jee.iitkgp.ac.in	03222- 288181

721 302		278241
मद्रास		044-
चेन्नई	http: // www.jee.iitm.ac.in	22578098
600 036		22578095
रुड़की		01332
रुड़की	http: // www.jee.iitr.ac.in/jee	279805
247 667		279806

प्रेरणा तरंग : मात्र यही एक संभावित विचार है कि भारत एक ऐसा देश है जो अपने विभिन्न भागों के योग से बड़ा है।

मन में रखिए : उन्नीसवीं शताब्दी में जर्मनी एवं बीसवीं शताब्दी में अमेरिका के उत्थान की तरह ही एक नूतन वैश्विक खिलाड़ी के रूप में भारत के आविर्भाव से भू-राजनीतिक परिदृश्य उतनी ही दृढ़ता एवं उतने ही नाटकीय तरीके से बदलेगा जैसा कि पिछली दो शताब्दियों में हुआ है।

चिंतन क्षेत्र : सांप्रदायिक समस्याओं के बावजूद भारत का आश्चर्यजनक उत्थान हुआ है।

□

20

कुछ जिज्ञासाएँ

बार-बार पूछे गए प्रश्न

आई.आई.टी. में प्रवेश पाने के लिए किन चीजों की आवश्यकता होती है ?

दृढ़ इच्छा-शक्ति, समर्पण, विजयी होने के लिए दृढ़ निश्चय, लक्ष्य पर पूर्ण ध्यान और कठोर परिश्रम आई.आई.टी. में प्रवेश पाने के लिए अनिवार्य है।

ग्यारहवीं कक्षा में मुझे कितने घंटे पढ़ना चाहिए ? आई.आई.टी. संयुक्त प्रवेश परीक्षा का पाठ्यक्रम मुझे कब पूरा कर लेना चाहिए ?

अपने स्कूल के अलावा 5-6 घंटे पढ़िए। इसी समय अपना आधार निर्मित करने की कोशिश कीजिए। कैलक्युलस का अध्ययन करने का भी प्रयास करें। बारहवीं कक्षा की तैयारी प्रारंभ करने के पहले नई सामग्रियों को पढ़ने का आनंद लीजिए और नई चीजें सीखिए।

संयुक्त प्रवेश परीक्षा के लिए एक दिन पूर्व क्या तैयार करें ? क्या यह जल्दी से और ठीक-ठीक प्रश्नों को हल करने या अवधारणा की समझ की परीक्षा है ?

आराम कीजिए ! परीक्षा के पहले कुछ देर टहलिए और सूत्रों की जो सूची आपने बनाई है, उसे दोहराइए। संयुक्त प्रवेश परीक्षा में सफलता के लिए प्रश्नों को शीघ्र और सही-सही हल करने के अलावा अवधारणात्मक समझ की आवश्यकता होती है।

बुद्धि-लब्धि (I. Q.) क्या है ? बुद्धि-लब्धि कितना महत्त्वपूर्ण है ?

बुद्धि-लब्धि (I. Q.) आनुवंशिक रूप से प्राप्त वह मानसिक शक्ति है, जिसे

जीवन के अनुभवों से परिवर्तित नहीं किया जा सकता और हमारी नियति काफी हद तक इन्हीं अभिवृत्तियों से निर्धारित होती है। बुद्धि-लब्धि परीक्षण से बच्चे के मानसिक विकास और उसकी आयु के संबंधों का पता चलता है। 90 से 110 अंक तक का बुद्धि-लब्धि सामान्य अथवा औसत समझा जाता है। 130 से ऊपर के अंकों का बुद्धि-लब्धि सामान्य से ऊपर माना जाता है और 140 से ऊपर के अंक प्राप्त करनेवाले छात्र को प्रतिभाशाली समझा जाता है। दीर्घकालिक संबंधों के लिए बौद्धिक स्तर में बहुत अधिक अंतर हानिकारक हो सकता है। एक बहुत ही बुद्धिमान व्यक्ति के द्वारा अपने से बहुत कम बुद्धिमान साथी की सुरक्षा करने, उसे बचाने, पालने या सुधारने की इच्छा के कारण अथवा तुलना में उससे बेहतर महसूस करने के कारण आपसी संबंधों में कटुता आ सकती है। बुद्धि और शिक्षा का स्तर समानार्थक नहीं है।

संयुक्त प्रवेश परीक्षा की तैयारी में संवेगात्मक-लब्धि (Emotional Quotient) कितना महत्त्वपूर्ण है?

लाखों लोगों के साथ शोध के लगभग सौ वर्षों के इतिहास के साथ सांवेगिक-लब्धि बुद्धि-लब्धि से भिन्न एक नई अवधारणा है। छात्रों को तैयारी और परीक्षा के दौरान संवेगात्मक रूप से सुदृढ़ होना चाहिए, क्योंकि यह अत्यंत अनिवार्य है कि उन्होंने जो कुछ सीखा है, उसे वे अपने प्रश्नोत्तर में सुचारु रूप से लिख सकें। ऐसे निर्णायक समय में चिंता अथवा घबराहट निश्चित रूप से परीक्षा के परिणामों को प्रभावित कर सकती है। इन स्थितियों से बचने के लिए व्यक्ति को पर्याप्त आत्मविश्वास विकसित करना होगा।

व्यक्तिगत मंत्रणा क्या है? मैं किस प्रकार समझ सकता हूँ कि मुझे एक व्यावसायिक परामर्शदाता की आवश्यकता है?

परामर्श एक ऐसी प्रक्रिया है, जिसके माध्यम से कार्यार्थी (क्लाइंट) एवं परामर्शदाता के बीच सहयोग, सहायता एवं गोपनीय आधारों पर एक संबंध इस आशय से निर्मित होता है कि कार्यार्थी को अपने बारे में श्रेष्ठतर समझ विकसित करने में मदद मिल सके। कार्यार्थियों को अपने विचारों, अपनी अनुभूतियों एवं अपने व्यवहारों तथा विभिन्न समस्यात्मक स्थितियों और संबंधों में अपने बरतावों को समझने में सहयोग किया जाता है।

जिन लक्षणों पर नजर रखी जानी चाहिए, उनमें लंबे समय तक अत्यधिक घबराहट की अनुभूति, विवशता एवं उदासीनता आदि शामिल हैं। ऐसी स्थिति में यद्यपि आप अपनी समस्याओं का निराकरण करने का प्रयास करते हैं और उसमें आपको अपने परिवार एवं मित्रों का सहयोग भी मिलता है, फिर भी समस्याएँ

हल होती नजर नहीं आतीं। आप सामान्य की अपेक्षा अधिक चिड़चिड़ापन महसूस करते हैं, आसपास के लोगों से अधिक बहस कर बैठते हैं; सामाजिक कार्य-कलापों, मित्रों एवं परिवारजनों से अलग-थलग पड़े रहने लगते हैं। आप ऐसी स्थिति में अपनी कक्षाओं में नियमित रूप से नहीं जाते, कार्यों को पूरा नहीं करते अथवा अपने ध्यान को उस प्रकार केंद्रित नहीं कर पाते, जैसा आप सामान्य रूप से करते हैं।

अपने शिक्षक को किस प्रकार संबोधित करें? एक अच्छा विद्यार्थी कैसे बनें?

यह अनेक भ्रांतियोंवाला विषय है कि हम अपने शिक्षकों को किस प्रकार संबोधित करें। शिक्षक एक अत्यंत महत्त्वपूर्ण व्यक्ति होता है। वह एक ऐसा व्यक्ति है, जो छात्रों को सही दिशा में ले जाने और उनकी प्रगति एवं विकास के लिए उत्तरदायी है। छात्र अपने शिक्षकों का सम्मान करते हैं और बदले में शिक्षक अपने छात्रों को प्यार करते हैं। शिक्षक और छात्रों के बीच संबंध आपसी स्नेह और सहयोगपूर्ण होता है।

विवेकशील छात्र अपना कार्य पूरा करने के लिए एक निश्चित योजना बना लेते हैं। एक सच्चा विद्यार्थी एक कार्यक्रम का अनुसरण करते हुए अपने स्कूल के सभी कार्यों को पहले पूरा कर लेता है और अपना समय नहीं गँवाता।

कल होनेवाली भौतिकशास्त्र की परीक्षा के लिए क्या पढ़ा?

इस उत्तर के पढ़ने तक आपने संभवतः अपनी 'प्रेषणीयता' (ट्रांसपोर्ट) की परीक्षा दे दी है, लेकिन अध्ययन के बारे में मैं कुछ सामान्य सलाह दूँगा। सारांश में आपको सभी नियमों/संबंधों सहित अपने सारे नोट्स पढ़ लेने चाहिए; परंतु इन नियमों/संबंधों को पढ़ने और लिख लेने से कोई खास लाभ नहीं होगा। अच्छा होगा कि अधिक-से-अधिक उदाहरणों में इन नियमों/संबंधों के उपयोग का अभ्यास किया जाए।

आप अपने नोट्स, पाठ्य-पुस्तकों और पिछले वर्षों के प्रश्न-पत्रों में ऐसे उदाहरणों को पा सकते हैं। जितना ही अधिक आप इन नियमों/संबंधों का प्रयोग करते हुए प्रश्नों को हल करेंगे उतना ही अधिक आप सक्षम होंगे और अपनी योग्यता में आपका आत्मविश्वास बढ़ेगा। एक अंतिम सलाह यह है कि सभी मात्राओं की इकाइयों को जानें और सभी गणनाओं के अंतिम उत्तर में संबंधित सही इकाई को लिखना न भूलें।

गणित की परीक्षा के तनाव से कैसे बचें?

अनेक लोग परीक्षाओं से घबरा जाते हैं। यह अनिवार्यतः बुरा नहीं है। महत्त्वपूर्ण यह है कि आप अपनी घबराहट को नियंत्रित करें और मस्तिष्क शांत

रखें। आप इसे तभी कर सकते हैं, जब परीक्षा के लिए अच्छी तरह तैयार हों। किंतु याद रखिए कि परीक्षा में आपको यह भी स्पष्ट करना होता है कि आप समस्याओं का समाधान कर सकते हैं। इसका अर्थ यह है कि आपके सामने ऐसा प्रश्न आ सकता है, जो आपके लिए नया हो। ऐसी स्थिति में घबराएँ नहीं। प्रश्न को ध्यानपूर्वक पढ़ें। वह आपसे अपने गणित-ज्ञान का इस्तेमाल करते हुए प्रश्न को हल करने के लिए कह रहा है। गणित के प्रश्नों को हल करने के लिए आपको इस विषय का गहन बुनियादी ज्ञान होना चाहिए। यदि आप गणित के सूत्रों, नियमों और संबंधों को नहीं जानते हैं तो आप इनका उपयोग कभी नहीं कर पाएँगे। इसलिए अंत में सफलता के लिए कठिन परिश्रम ही एकमात्र उपाय है।

दोहराने के तरीके क्या हैं ?

मैं यह परामर्श दूँगा कि एक बार में बहुत अधिक पाठ्य विषयों को न दोहराएँ। समगति से कार्य करें। अभी शुरू करें। अनियमित रूप से लंबी अवधि तक रटने की अपेक्षा नियमित रूप से थोड़ी-थोड़ी देर परीक्षा तक बार-बार विषय को दोहराना श्रेष्ठतर है। प्रश्नों को हल करने का अभ्यास भी किया जाना चाहिए, ताकि आप पुनरावृत्ति के प्रभाव की जाँच भी कर सकें। पुनरावृत्ति की जानेवाली अध्ययन सामग्री का उपयोग करें। एक बार जब आप पूरा खंड दोहरा लें तो पिछले वर्षों की परीक्षा के प्रश्न-पत्रों से उस खंड पर पूछे गए सवालों को देखें और हल करें। इस प्रकार आप ज्ञान के उस स्तर से अवगत हो सकेंगे, जिसकी आपसे अपेक्षा की जाती है। अपने आपसे पूछिए कि प्रश्न आपसे क्या करने को कह रहा है ? परीक्षक मुझसे क्या आशा करते हैं ? क्या मुझे गणना करनी है ? क्या मुझे विवरण देना है ? क्या मुझे विस्तृत रूप से समझाना है ?

परीक्षा के समय जिन महत्त्वपूर्ण सूत्रों, नियमों और संबंधों को पुन: स्मरण करने की आपसे आशा की जाती है, उन्हें लिख लें। उन्हें तोते की तरह रटें नहीं। अपने मित्रों के साथ आप उन पर चर्चा करें। जब आप अपने मित्रों को कुछ समझाने का प्रयास करते हैं तो कभी-कभी आप विषय की अपनी ही समझ में कमी महसूस करते हैं। अपनी कमी या कठिनाई को स्वीकार करने में हिचकें नहीं। अपने शिक्षक को बताएँ।

भौतिकशास्त्र में बहुत अधिक पढ़ना है। मैं इस पर एकाग्र नहीं हो पाता। कृपया इस समस्या पर काबू पाने के उपाय बताएँ ?

पहली दृष्टि में ऐसा लगता है कि बहुत अधिक पढ़ना है, किंतु वास्तव में उतना अधिक नहीं है। इसके महत्त्वपूर्ण लघु खंडों में परिभाषाओं, सूत्रों, नियमों और विभिन्न संबंधों का विवरण है। उदाहरण के लिए, आपको यह जानना चाहिए कि आवृत्ति, तरंग लंबाई, गति, त्वरण अथवा गतिवृद्धि, बल, विद्युत् धारा और विद्युत्

दाब (वोल्टेज) आदि का क्या अर्थ है। ऐसी संज्ञाओं को अच्छी तरह समझ कर आपको उनकी परिभाषा याद कर लेनी चाहिए। कोई संक्षिप्त उपाय नहीं है। आपको उन्हें पढ़ना ही होगा। इसके बाद उन संबंधों को जानना होगा, जिनमें इनका इस्तेमाल किया जाता है। उदाहरण के लिए—बल = द्रव्यमान × त्वरण; अचालकता (रेजिस्टेंस) = विद्युत् दाब × विद्युत् धारा आदि।

अपने कार्य को विभिन्न खंडों में विभाजित कर लें। एक बार में एक भाग पूरा करें। धीरे-धीरे, किंतु नियमित रूप से आगे बढ़ें। इससे आपका आत्मविश्वास बढ़ेगा। कार्य को टुकड़ों में बाँटकर पूरा करें, आप विजयी होंगे।

क्या आई.आई.टी. संयुक्त प्रवेश परीक्षा के लिए की गई तैयारी अन्य इंजीनियरिंग प्रवेश परीक्षाओं को भी समाविष्ट करती है ?

हाँ, निश्चित रूप से।

प्रेरणा तरंग : संसार की गवेषणा कीजिए और प्रकृति की शोभा का आनंद लीजिए। जिस प्रकार एक सूर्यास्त अथवा तारों भरे आकाश में पूर्णिमा का चाँद आपकी आत्मा को विभोर कर जाता है, उसी प्रकार संतोषप्रद कार्य करके सर्वोत्तम जीवन प्राप्त कीजिए।

मन में रखिए : हममें से वे लोग, जो विशिष्ट प्रगति-क्रम एवं असाधारण जीवन गढ़ते हैं, वे ऐसे लोग हैं, जो अतिरिक्त श्रम करते हुए सर्वोत्तम प्राप्त करने के प्रयास में अपना अधिकाधिक समय लगाते हैं।

चिंतन क्षेत्र : जो किसी लक्ष्य की प्राप्ति हेतु हिम्मत नहीं करता, उसे किसी चीज की आशा नहीं करनी चाहिए।

□□□